Inspiración

Himnario Volumen II

MINISTERIOS
LLAMADA FINAL

Inspiración Himnario 2
Material de alabanza

Publicado y distribuído por:
Alabanzas Llamada Final Distribuidora, Inc.
12145 Woodruff Ave Downey CA 90242 en USA
Tel. 562-231-4670 / Fax. 562-231-4676
P.O Box 3661 Huntingtong Park, CA 90255
Primera edición 1999
Modificaciones 2007

ISBN 0-9652224-2-X

USA:
Alabanzas Llamada Final Distribuidora, Inc.
12145 Woodruff Ave Downey CA 90242 en USA
Tel. 562-231-4670 / Fax. 562-231-4676
www.llamadafinal.com • alabanzas@llamadafinal.com
www.distribuidorallamadafinal.com

COLABORACIÓN:
Redactación: Ivan Delgado
Diseño: Karina Murillo
Diseño de portada: Raul Gonzalez
Fotografía: Miguel Angel Castillo

Distribuidores en:

Alabanza Llamada Final Distribuidora, Inc.
USA: P.O. Box 3661 Huntington Park, CA 90255
Tel: (562) 231-4670 • Fax: (562) 231-4676
Mexico: 1ra Cerrada de Rio Churubusco #21
Colonia Agricola Pantitlan • Tel. 57010636 • Fax 57015195
www.llamadafinal.com

Australia:
"Emmanuel Christian Bookshop"
2/6 Bird Street - Springvale Victoria .3171
Tel/Fax: (03) 95746584
Contactos: (03) 97991317 y (04) 12068427
• E-mail: emmanuelchurch@optusnet.com.au

Colombia:
Carrera 5a. #738 Barrio Golgota Ipiales, Colombia
• Tel: (27)73-5971 • Tel/Fax: (27)73-2401

Guatemala:
7a. Calle No. 11-47 Zona 11 Colonia Roosevelt Guatemala, CA
E-mail: pasosamllf@intelnet.com
pasosa55@hotmail.com
Tel. Oficina 011502-2440-9858
Fax. 011502-247-16911

Introducción

El Departamento de Alabanza de Ministerios
Llamada Final se complace en presentar el
volumen número dos del Himnario Inspiración
para ser usado como una herramienta de bendición
para el pueblo de Dios en general y sobre todo para
aquellos que anhelan cada día presentar una mejor
y más gloriosa alabanza a nuestro Dios.

Los cantos que a continuación se presentan
en este volumen son parte de las grabaciones de
alabanza de Ministerios Llamada Final. Creemos
que al escuchar las grabaciones y al estudiar los
cifrados correspondientes, el músico — como el
director de canto — podrá asimilar más y más cada
alabanza y así obtener la melodía adecuada para
cada canto.

Deseamos que este material sea de provecho
para cada ministerio de alabanza que, al igual que
nosotros, anhela ser enriquecido en una mejor
alabanza para la gloria de su nombre.

Tony Perez

Director de Alabanza
Ministerios Llamada Final

INDICE

INTERPRETACION DE LAS NOTAS MUSICALES

Las siguientes notas indican la entonación de cada canto en este himnario: "A", "B", "C", "D", "F", "G".

Esta sistema de cifrado (utilizado en el lenguaje ingles) nos facilitará la aplicación en los cánticos siguientes de esta manera:

Para la nota ... (Do) .. se aplicaría la letra ...." C "
........................(Re) ...." D "
........................(Mi).............................." E "
........................(Fa)............................." F "
........................(Sol) ...." G "
........................(La)............................" A "
........................(Si) ...." B "

- Cuando se encuentran las notas C/D; La nota al lado derecho (D = Re) corresponde al acompañamiento del bajo.

- Las notas "mayores" no llevarán agregración.
  Ejemplo: E = Mi Mayor

- Las notas "menores" se aplicará la letra (m).
  Ejemplo: Em = Mi Menor

- Para las notas "bemoles" se aplicará el signo (b).
  Ejemplo: Eb = Mi Bemol

- Para las notas "sostenidas" se aplicará el signo (#).
  Ejemplo: E# = Mi Sostenido

- Para las notas "suspendidas" se aplicarán las letras (sus).
  Ejemplo: Esus = Mi Suspendido

CANTOS DE INSPIRACION

- Para las notas "aumentadas" se aplicará el signo ($^+$).
  Ejemplo: E^+ = Mi Aumentada

- Para las notas "disminuídas" se aplicará el signo ($^\circ$)
  Ejemplo: E° = Mi Disminuido

- Para las notas "séptimas" se aplicará el numero (7).
  Ejemplo: E7= Mi Séptima
  Hay dos tipos de Séptimas.
  Séptimas Dominantes.
  Ejemplo: E7
  Séptimas Mayores.
  Ejemplo: Ema7

INTERPRETACION DE LAS NOTAS MUSICALES

A continuación presentamos las teclas del piano y veamos cada una por su nombre.

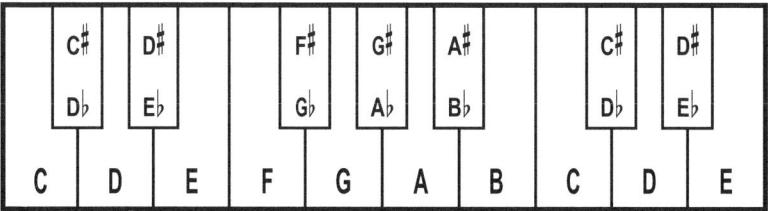

C# / D♭	D# / E♭		F# / G♭	G# / A♭	A# / B♭		C# / D♭	D# / E♭	
C	D	E	F	G	A	B	C	D	E

Necesitamos también numerar los dedos de nuestras manos para luego proceder a colocarlos en su correcta posición, dependiendo del canto que deseamos entonar. Esta enumeración no es la misma que la de la guitarra, varía y es por eso que debemos aprender a identificar nuestros dedos de acuerdo al instrumento que se toque.

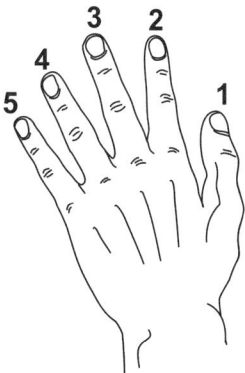

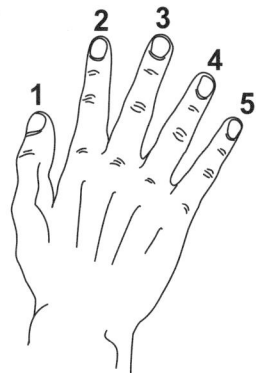

CANTOS DE INSPIRACION

Identifiquemos ahora en una forma clara y practica el diapasón de una guitarra.

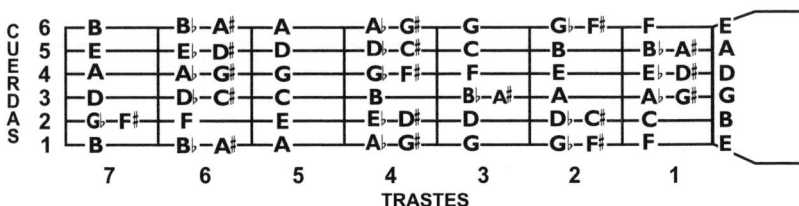

CUERDAS	7	6	5	4	3	2	1	
6	B	B♭-A♯	A	A♭-G♯	G	G♭-F♯	F	E
5	E	E♭-D♯	D	D♭-C♯	C	B	B♭-A♯	A
4	A	A♭-G♯	G	G♭-F♯	F	E	E♭-D♯	D
3	D	D♭-C♯	C	B	B♭-A♯	A	A♭-G♯	G
2	G♭-F♯	F	E	E♭-D♯	D	D♭-C♯	C	B
1	B	B♭-A♯	A	A♭-G♯	G	G♭-F♯	F	E

TRASTES

En seguida presentamos el bosquejo de una mano, en donde vemos que cada dedo tiene un numero especifico; esto nos indica que dedo es el que debemos usar para presionar correctamente cada cuerda, y así obtener el acorde que nos sugiere cada cifrado en un forma correcta.

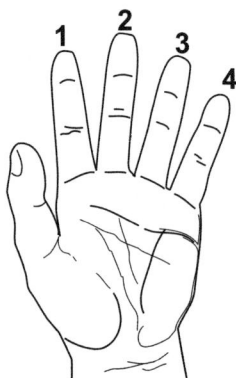

USO DE LAS NOTAS MUSICALES

Veamos de una manera sencilla, el diagrama del diapasón de un bajo.

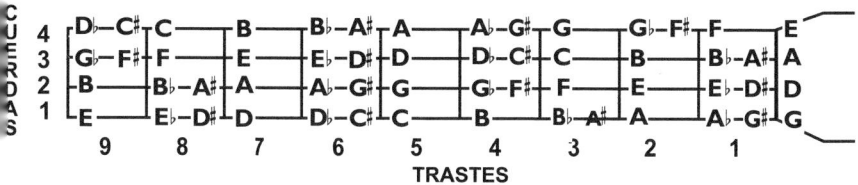

Nota: Observe con mucha atención las especificaciones que están escritas en la figura del diapasón, para que puedas obtener una mayor compresión de como aplicar cada nota.

COMBINACIÓN DE ACORDES

En este segundo volumen del Himnario Inspiración hemos agregado la combinación de acordes que se usaron en las varias grabaciones de Alabanzas llamada Final con el fin de expander el conocimiento del músico principianate y para mejor adornar las canciones. Combinación de acordes serán indicadas con una sombra gris sobre la letra de los cantos. Por ejemplo: F/A. Al ensayar una canción, puede usar esta lista de combinaciones como referencia.

F/A

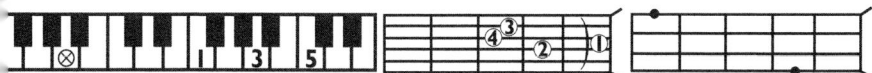

Dm7/G

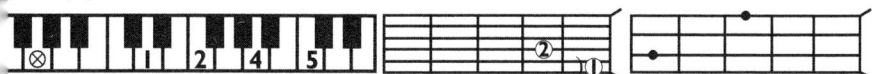

G/A

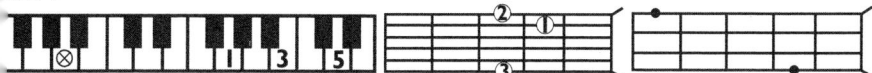

G/B

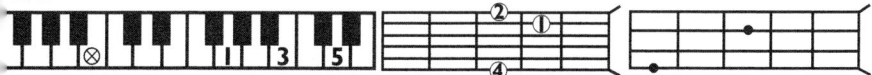

F/G

G/F

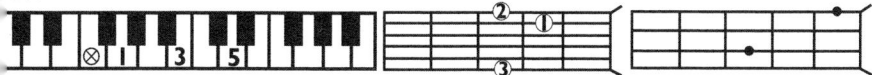

A/D

G/A

xiv

D/A

A/G

A/C#

D/F#

C/E

F/C

Bb/F

Bb/C

Eb+/Eb

A7/C#

D/C

Am7/D

Dm7/G

B/D#

E/D

E/G#

NOTAS

NOTAS

TU ERES EL ALFARERO

C= Do

Alex Zamora (Orange, C

```
        C     F/G  G      C       C7
Señor, bendito seas Señor.
        F           G        C    C7
Mi corazón no se cansa de  alabarte.
```

```
        F      G/F      Em7   Am7
Yo no me canso Señor, de adorar tu nombre
            Dm7    G    C      C7
Tu eres todo para mi Señor.
```

```
        F      G/F      Em7   Am7
// Tu eres el alfarero y yo soy el barro
    Dm7        G        C        C7
Moldéame, Señor, a tu imagen. //
```

7

m7

m7

m7

CLAMARÉ AL DIOS ALTISÍMO

C = Do Pastor José Gómez (Bell Gardens, C.

```
        C      G       F         G
// Clamaré al Dios Altísimo, al Dios que me favorece //
```

```
           F              G/F
    Porque en tí ha confiado mi alma
       Em7                    Am
    Y en la sombra de tus alas me ampararé
```

```
    F            G/F     Em7              Am
El enviará su misericordia desde los cielos su verdad,
       F         G/F      Em7    Am
   y me salvará, me salvará el Dios Altísimo,
          F    Dm7   G    C
   el Dios Altísimo ___ o.
```

m7

m7

m

QUIERO POSTRARME A TUS PIES

C = DO

Rafael Arias Palacios (Inglewood, C.

```
       C          F           G/F         Em7            Am7
Que no hay nada tan especial que decirte cuanto te amo.
                     Dm    G     Em7   Am7
          Señor  te amo; Señor te amo
            Dm              G                      C
Y no hay nada más especial que postrarme a tus pies.


      C   Em              Dm          G
// Quiero postrarme a tus pies y decirte que te amo. //


         F           G/F         Em7            Am7
Que no hay nada tan especial que decirte cuanto te amo.
              F       G            C     Gm
        Señor,  te amo con el corazón.
     C7         F           G/F         Em7            Am7
///// Que no hay nada tan especial que decirte cuanto te amo
               F       G     Em7   Am
        Señor, te amo.  Señor, te amo.
            Dm              G                      C
Y no hay nada tan especial que postrarme a tus pies. /////
```

ALABANZAS LLAMADA FINAL / ¡TE QUIERO ADORAR!

7

C

C7

Dm

Em

Em7

F

G

Gm

Am

Am7

CON ALEGRIA EN EL CORAZON

Cm = Do MENOR   CESAR GARCÍA (SAN DIEGO, C/

Coro:

Cm
// Con alegría en el corazón,
Bb   Cm
salmearé para el Señor Jesús. //

Verso 1
Ab   Bb   Cm
Jehová Jiré es mi proveedor, nada me faltara
Ab   Bb   Cm
Jehová Shalom, El es mi paz, descansaré
Ab   Bb   Cm
Jehová Rafeca, restaurador de mi alma es

Verso 2
Ab   Bb   Cm
Jehová Tsidkenu, mi justicia es y ahora salvo yo soy
Ab   Bb   Cm
Jehová Rafa es mi sanador, jamas temeré

Verso 3
Ab   Bb   Cm
Jehová Shama es mi guerrero, en su nombre peleare
Ab   Bb   Ab   Bb   Cm
Jehová Nissi es mi estandarte, el es vencedor

m

b

b

TU PALABRA

D = RE Martín Azurdia / Arturo de la Vega (Inglewood, CA

```
      D      A/D                       F#m7
   Tu palabra Señor, es poderosa
     Bm          Em7            G/A   A
 y permanece para siempre. (Para siempre.)
        D             A/D
    Pasará el cielo y la tierra,
              F#m7    Bm        D/A
    mas tu palabra Señor,
        G           Em7      Asus     A
   Tu palabra permanecerá en mi.
```

Coro:

```
   Gma7      A/G       F#m7              Bm        D/A
 Tu palabra Señor, es medicina para todo mi ser.
     G          A/G        G          A/G
 tu palabra me sostiene, tu palabra me da gozo,
           G           Asus     A
    tu palabra me da vida,
                    D
       día tras día.
```

Alabanzas Llamada Final / Inspiración IV

m7

#m7

ma7

sus

m

LAS RIQUEZAS DE TU GRACIA

D = RE　　　　　　　　　　　　Adolfo Delgado Jr. (Inglewood, C

```
D           A/C#            Bm  D/A
   Las riquezas de tu gracia,
      G  D/F#  Em7  G  D/F#  Asus    A
   son pa--ra      mí,  pa-ra      mí.


D           A/C#            Bm  D/A
   Yo le creo a tu palabra,
      G  D/F#  Em7   G  D/F#     Asus
   es pa--ra      mi,  pa--ra      mi.
```

m7

sus

m

ERES GRANDE SEÑOR

D = Re

Martín Azurdia (Inglewood, C/

```
       D                    Bm7
Señor, cúan grande es tu nombre.
       Em7                Asus    A
Yo lo creo, y declaro Tu poder.
       D              Bm7
Hoy recibe mi alabanza,
       Em7                   Asus    A
tuya es, y por siempre lo será.
```

Coro:

```
  Gma7                   A/G
     Tu eres grande Señor,
       F#m7              Bm7        Gma7
y por siempre te alabaré.
                        A/G
     Tu eres grande Señor,
       F#m7            Bm7    (Puente: C G/B G/A A
y por siempre te alabaré.
```

D

Em7

F#m7

Gma7

A

Asus

C

Bm7

CUANTO TE ANHELO

D = Re Nelson D. García / Karina Hernández (Inglewood, CA

Verso 1:

A/D D F#m7   Gma7   G/A
Cuanto te anhe--lo,   Hijo de Dios.

A   A/D D Bm D/A   Gma7   D/F#
Cuanto te anhe--lo,   Dios poderoso.

Coro:

Em7   G/A A/G   F#m7 F#7   Bm7
Mi deseo es adorar--te y postrarme a tus pies.

Em7   G/A A   D   G/A
Te anhelo, oh Señor, Hijo de Dios.

Verso 2:

A   A/D D F#m7   Gma7   G/A
Cuanto te am--o,   Hijo de Dios.

A   A/D D Bm D/A Gma7   D/F#
Cuanto te a--mo,   Abba Padre.

Coro:

Em7   G/A A/G   F#m7 F#7   Bm7
Mi deseo es adorar--te y postrarme a tus pies.

Em7   G/A A   D   (G/A)
Te anhelo, oh Señor, Hijo de Dios.

m7

#7

#m7

ma7

m

m7

DULCE PRESENCIA

D = Re

Cesar Rengifo (Fontana, C/

```
       D              Em7        G/A   A            D      A/C#
// Dulce, dulce eres tú, Señor. Llenas      todo mi ser.
   Bm                  Em7              G                A
Dulce, dulce es tu amor, Señor. Quiero perderme en tí. //

   Gma7               A    D  Bm  Gma7   A         D
Tu eres más dulce que la miel      que emana del panal.

       Am7   D7  Gma7        Em7     A  D
Te quiero ado--rar,      te quiero adorar,
       Bm           Em7         A          D
Mi Dios, por siempre, por la eternidad

       Am7    D7  Gma7        Em7   A  D
Te quiero ado--rar,      te quiero adorar,
       Bm           Em7         A            D
Estar en tu presencia, amarte más y más.
```

ALABANZAS LLAMADA FINAL / ANUNCIARÉ SEÑOR TUS MARAVILLAS

19

D

D7

Em7

G

Gma7

A

Am7

Bm

REDIMEME OH JEHOVA

D = Re

HILDA VELASCO (WILMINGTON, C

D
// Redímeme oh Jehová
Bm   Em7
Porque yo andaré en integridad y tu verdad,
G   A
así mismo he confiado en tí. //

G   A   G   A
Examina mis pensamientos, escudriña mi corazón
G   A   D D7
porque tu misericordia está delante de mí.

G   A
// Y así contaré tus maravillas,
F#m7   Bm7
y así exclamaré con mi voz,
Em7 A D
así danzaré alrededor de tu altar. //

ALABANZAS LLAMADA FINAL / REUNIDOS PARA ADORARTE

7

#m7

m

m7

CON TODO MI CORAZÓN

D = Re

Marecy Valle (Los Angeles, CA

```
       D              F#7         Bm7
// Con todo mi corazón te daré gracias;
       G           Em7            A
En presencia de los santos te adoraré. //
```

```
       Gma7     A/G         F#m7        Bm7
 Me postraré  hacia tu santo templo
       Em        A         D          D7
Dándote gracias por tu misericordia y verdad
       Gma7   A/G           F#m7        Bm7
 Me postraré hacia tu santo templo
            Em               A       D
  Reconociendo tu gran bondad.
```

7

m7

#7

#m7

ma7

m7

USAME

A = La   Rafael Arias Palacios (Inglewood, C.A

```
   D  F#m G           A                 D  F#m  G
// Usame     alcansame con tus manos y usame
                  A           D       F#m  G
          Quiero parecerme solo a tí
                  A           D       F#m  G   A
          Quiero parecerme solo a tí //


   D     F#m  G         A         D          F#m      G
// Quiero adorarte    y bendecir tu santo nombre para siempre
                          A        D     F#m G
          Quiero parecerme solo a tí
                          A        D     F#m G  A
          Quiero parecerme solo a tí //


      D    F#m G        A          D  F#m   G
// Fluye en mi    fuente eterna de adoración
                    A           D F#m  G
       Espíritu divino fluye en mí
                    A           D
       Espíritu de vida mora en mí //
```

ALABANZAS LLAMADA FINAL / INSPIRACIÓN IV

#m

ANTE TI

E = MI   Tony Pérez (Inglewood, CA

```
            E       C#m7  F#m7
         Ante tí, Señor Jesús,
   F#m7  E/G# A           B       E    F#m7
   toda   ro---dilla se doblará, ante ti.

        A/B B E    C#m7   F#m7
         Ante tí Señor Jesús,
 F#m7  E/G# A         B              E      F#m7
 to---da   lengua confesará  que Tu eres Rey.

        A/B  B   E      C#m7 F#m7
      Tu e---res Rey, Tu eres  Rey
      F#m  E/G# A        B       E
      toda  ro---dilla se doblará, ante ti.
```

#m7

#

#m7

SANTO ERES TU SEÑOR

E = Mi   Ivan Delgado (Inglewood, CA

```
E          C#m7  F#m7    A/B      B      E     C#m7
// Santo eres   tú, Señor,    y digno de adorar
             F#m7      A/B        B      E     Bm7
Santo eres tú, Señor,     y   digno de adorar //
```

CORO

```
     E         Ama7   A/B        G#m7   C#m7
Vengo a ofrecerte        toda mi vida
              F#m7   B             E      Bm7
Vengo a ofrecerte      mi adoración
```

```
     E         Ama7   A/B        G#m7   C#m7
Vengo a ofrecerte        toda mi vida
              F#m7   B             E
Vengo a ofrecerte      toda mi adoración
```

C#m7

#m7

#m7

ma7

m7

VEN SEÑOR JESÚS

E = Mi

Tony Pérez (Inglewood, CA

E   C#m7
La Iglesia dice ven, y la esposa dice ven
A F#m7 A/B   B
Y el Espíritu también hoy me ayuda a interceder

A   C#m
Y por todas la naciones surge un pueblo vencedor
A F#m7 A/B B
Es un pueblo que anhela verte oh señor

Coro:
E   F#m7   E/G#
// Oh, oh, oh, ven Señor, ven Señor Jesús.
A   B   E
El Espíritu y la esposa dicen ven //

E   C#m7
Levantando nuestra voz y nuestras manos al Señor
A F#m7 A/B   B
Adoramos a aquel que ha vencido con poder
A   C#m
Y por todas la naciones se levantara a una voz;
A F#m7 A/B   B
La esposa del cordero diciendo ven Señor
A   B   C#m
/// El Espíritu y la esposa dicen ven ///

C#m

C#m7

E

F#m

F#m7

A

B

¡TE QUIERO ADORAR!

A = La

Renato Morales (Inglewood, C/

Ama7   B/A   G#m7   C#m7 F#m7
   Porque solo tu eres Dios   y por siempre te amare
              G#m7   F#m7   C#m7   F#m
  Por tu gran misericordia   por tu gran misericordia
                       A/B B   E
     Por tu gran misericordia te amare

       E B/D#   C#m7   A   B
   Mas yo   he confiado en tu misericordia
       E B/D#   C#m7   A   Bsus B
   Mas yo   he confiado en tu misericordia

         G#m   C#m G#m   C#m
   // Te quiero adorar te quiero adorar
   A   B/A   G#m7 C#m7
   es lo que quiero hacer adorarte a ti
          F#m7   B   E
   Te quiero adorar solo a tí. //

C#m

C#m7

E

#m7

G#m

G#m7

ma7

sus

YO LE ALABO

Em = Mi menor   Ivan Delgado (Inglewood, CA)

```
Em      G                  Am           C       BEm
En la presencia del Señor yo me gozaré  y su nombre bendeciré
   G                  Am          C    B    Em
Al son de la trompeta yo te alabaré y en El, me alegraré
   G                  Am           C       BEm
En la presencia del Señor yo me gozaré  y su nombre bendeciré
   G                  Am          C    Am   B
Al son de la trompeta yo le alabaré y en El, me alegraré
```

```
     Em      Am         D          G
Yo le alabo con danzas. Yo le alabo con panderos
      C       Am       F#           B
Yo le alabo con mi vida. Por siempre le alabaré
     Em      Am          D      G
Yo le alabo con trompetas. Yo le alabo con cuerdas
         C       Am
Yo le alabo con címbalos
```

```
        C     D    Em
/// Por siempre le alabaré. ///
```

Alabanzas Llamada Final / Inspiración IV

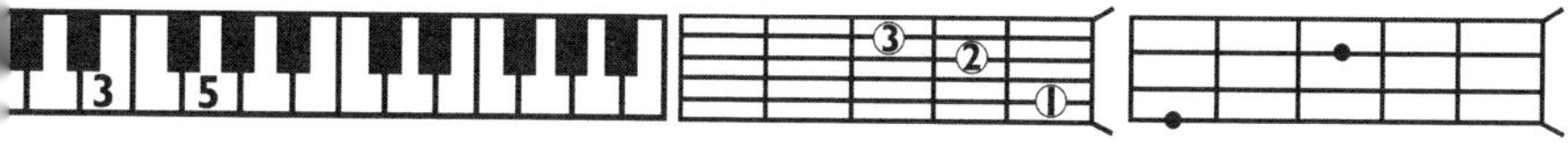

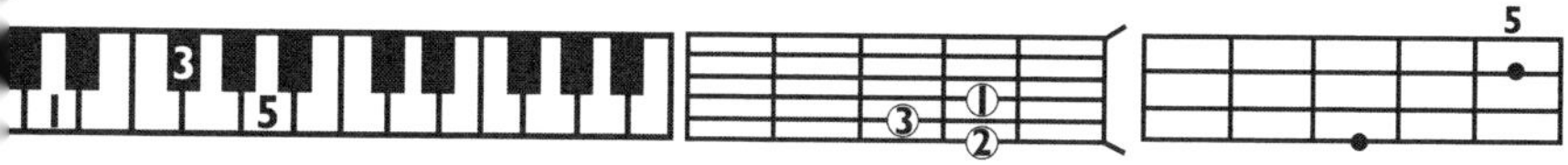

m

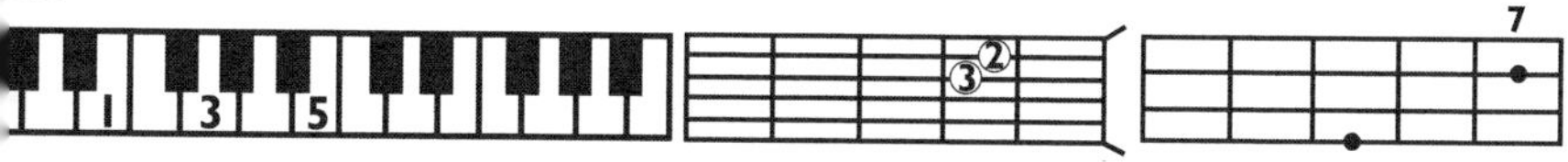

#

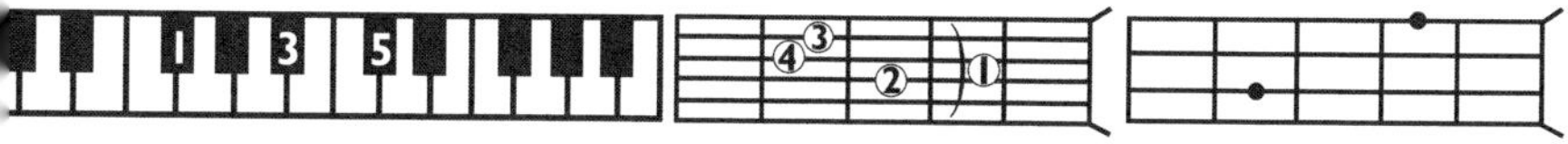

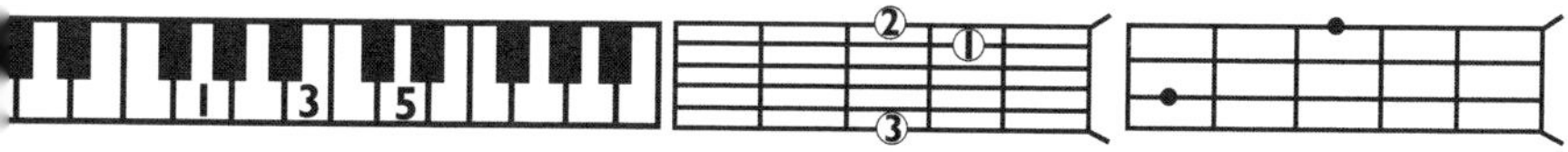

m

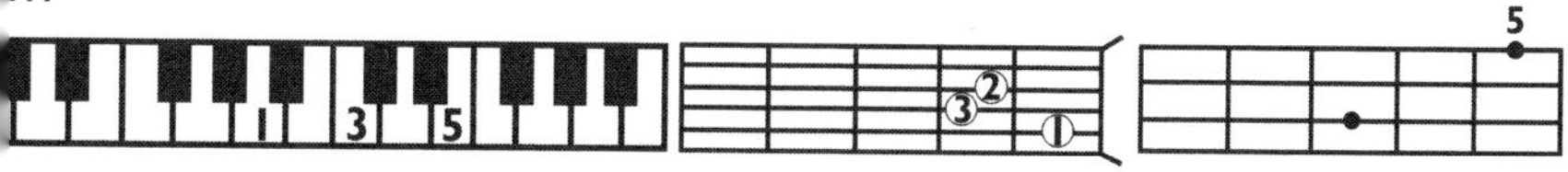

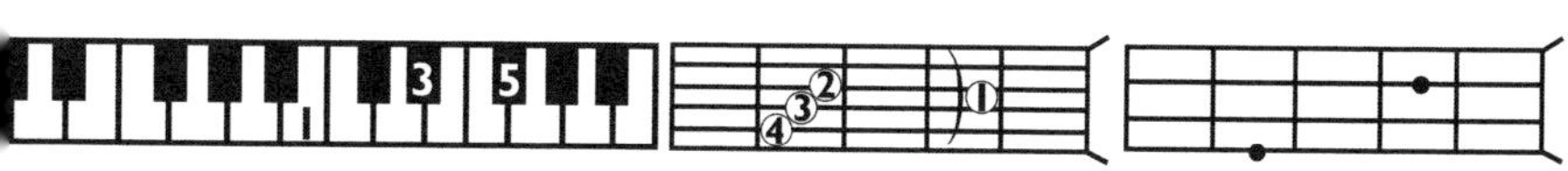

VENIMOS CANTANDO

Em = Mi MENOR

Cesar García (San Diego, CA

    Em   Bm
// Venimos cantando con voces de jubilo
           C   Bm Em
      Alabanzas al Señor
  Em   Bm
  El es mi gozo, el es mi fuerza
        C   Bm   Em
  Y con júbilo le alabaré //

Coro
  G Am   C   Bm   Em
Cantaré alabanzas al Señor
  G Am   C   Bm Em
Danzaré dando vueltas para El.

C

Em

G

Am

Bm

CON JÚBILO CANTAMOS

Em = Mi MENOR

IVAN DELGADO (INGLEWOOD, CA)

Em
// Con júbilo cantamos y ofrecemos
        Am   B
Alabanzas ante nuestro Salvador

    Em
Con júbilo cantamos y ofrecemos
        Am   B   Em
Alabanzas ante nuestro Salvador //

Coro
    D   G
// Con danza y pandero le alabaremos
    D   G
Con júbilo y con gozo ante el Rey
   D   G
Con danza y pandero le alabaremos
     Am   B
Cantando el es el rey //
     Em, D, C, Bm, Am, Bm, B7
El es el Rey
     Em
El es el Rey

ALABANZAS LLAMADA FINAL / INSPIRACIÓN V

C

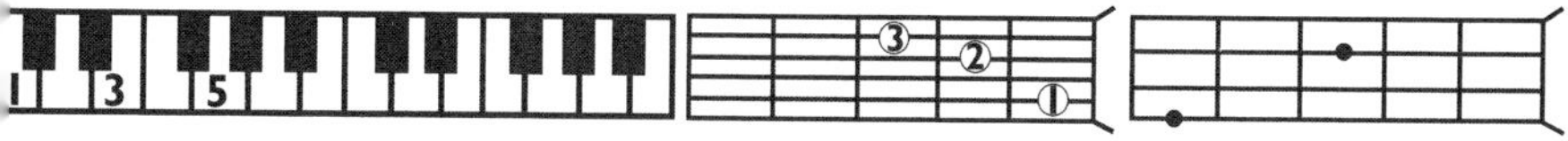

D

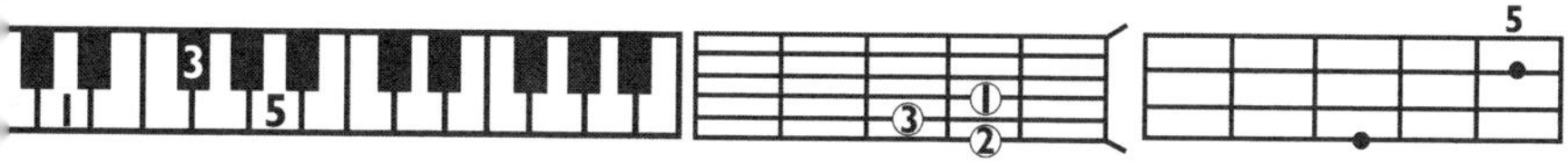

Em

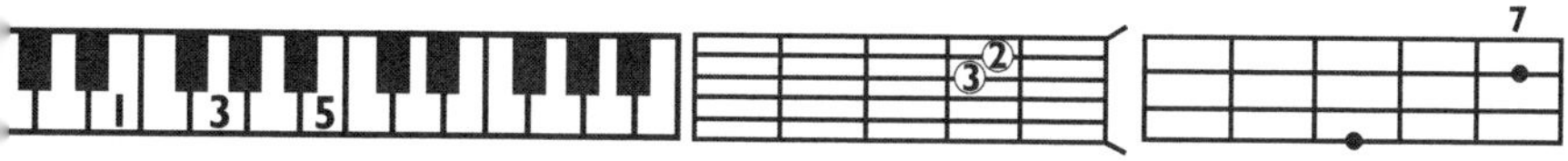

G

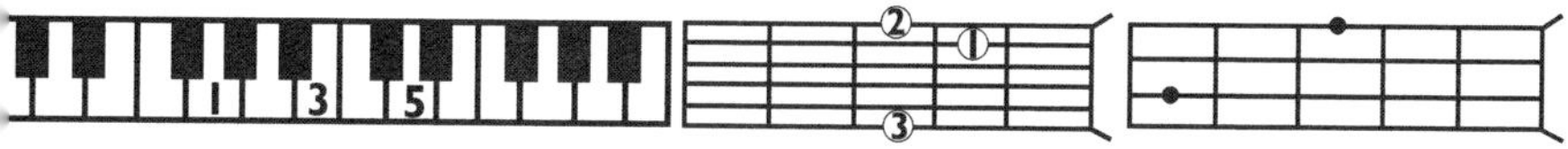

Am

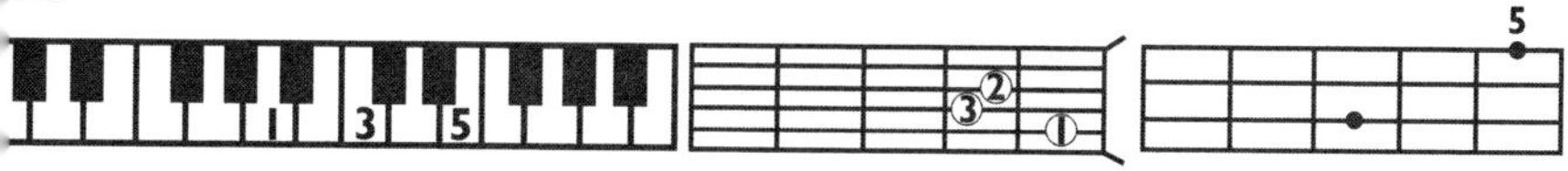

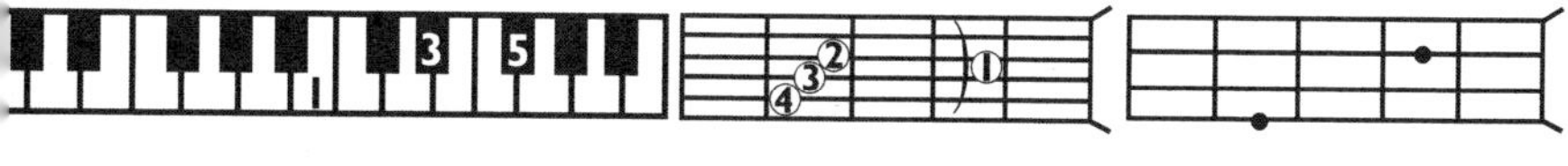

m

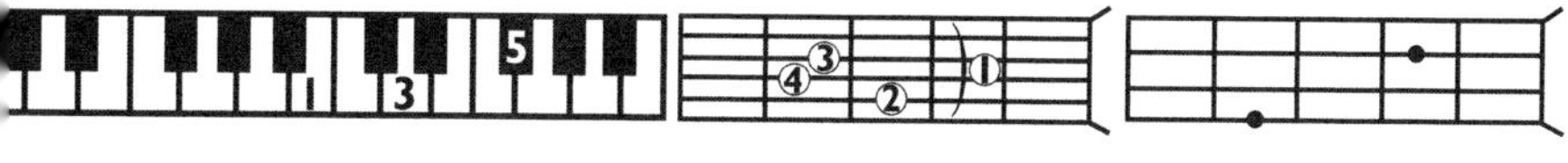

7

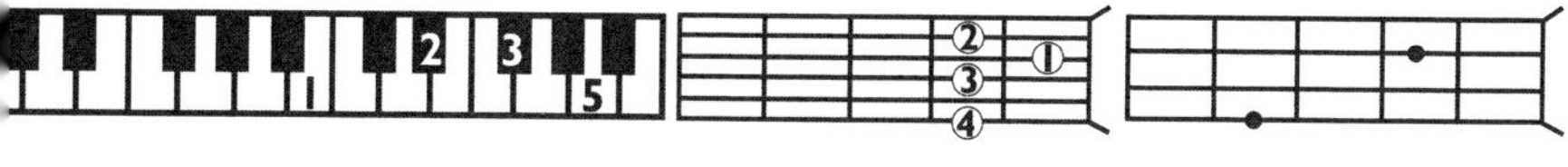

JESÚS EL MESÍAS

Em = Mi MENOR   CESAR GARCÍA (SAN DIEGO, CA

```
        Em
Jesús el Mesías nuestro redentor
         D           Em
  El ha llegado ha este lugar.
   Em
Jesús el Mesías nuestro redentor
         D           Em
  El ha llegado a este lugar.
```

```
            Coro
    Em          Cma7
// Yo me gozaré   y    me alegaré
     Am            B
   Porque Jesucristo
            C    B
   Es Jehová mi Dios,
          C    B
   Jehová mi Dios //
```

ma7

m

m

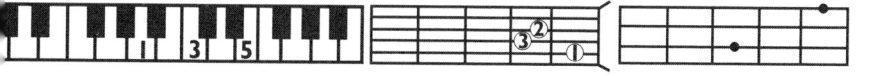

EN LA PRESENCIA DEL SEÑOR HAY LIBERTAD

Em = Mi MENOR   MARTÍN AZURDIA (INGLEWOOD, C.

          Em
En la presencia del Señor
   D   C   B
Hay libertad, libertad, libertad
       Em
En la presencia del Señor
   D   C   B   G
Hay libertad, libertad, libertad

                         C   G
Libertad de anunciar las victorias de Cristo
                         C   Am
Libertad de anunciar las victorias de Cristo

         B   B   B
En este lugar hay libertad, libertad, libertad
         Em
    de alabar.

m

m

ANUNCIARÉ TUS MARAVILLAS

Em = Mɪ ᴍᴇɴᴏʀ

Tᴏɴʏ Pᴇ́ʀᴇᴢ (Iɴɢʟᴇᴡᴏᴏᴅ, C

```
          Em                    C
// Anunciaré, Señor, tus maravillas
          D                     Em
En medio de tu congregación. //


          Am      D            Em
// Con mis hermanos,     te alabaré
               Am    D        Em
Y un cántico nuevo     ofreceré. //


            Am     D          Em
// Con voz de júbilo     te confesaré
               Am      C      B
Y con todas mis fuerzas     celebraré. //
```

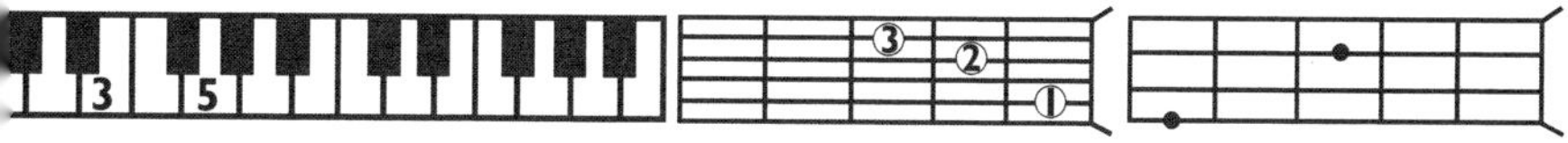

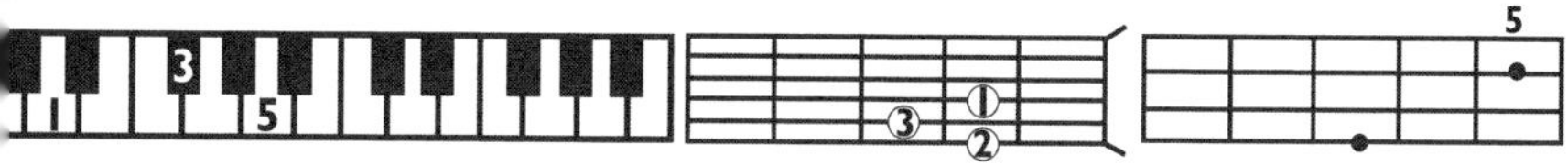

m

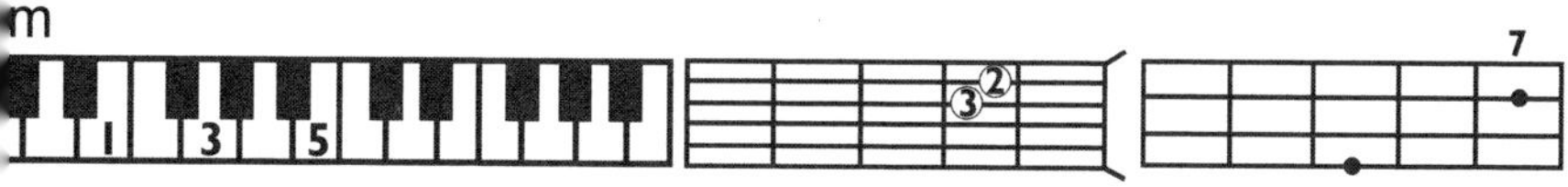

m

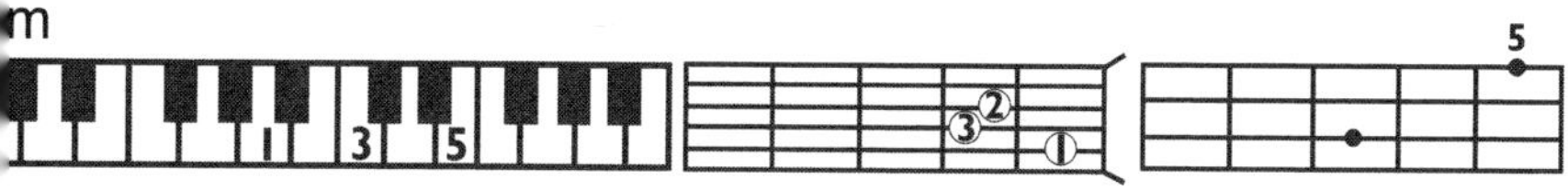

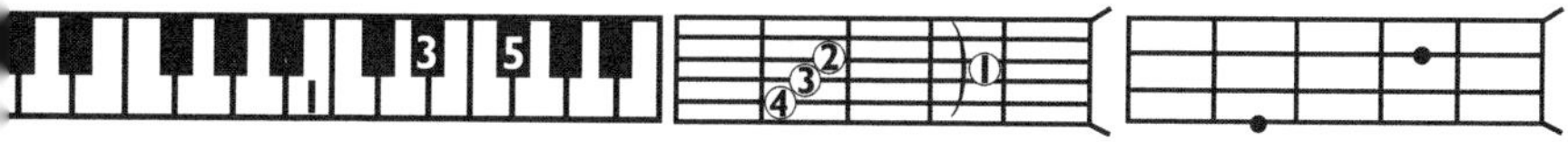

BENDIGAN AL SEÑOR

Em = Mi MENOR

HEBER PEREZ (FONTANA, CA

```
        Em                  C
    Canten al Señor, redimidos de su pueblo;
            D           Bm              Em
    Desde la salida del sol hasta que se pone.
        Em                  C
    Bendigan al Señor, sacerdotes en su  templo;
            D                   Bm             Em
    De Sion, perfección de hermosura, El resplandecerá.


        D                           Em
Nos llenará de una nueva alabanza; El llenará nuestra boca de
                            risa.
                Am                          B
        Y todos juntos le alabaremos por su poder.
            D   Em
    De su vino yo me embriagaré; en su amor me deleitaré.
                Am                      B
        Y delante de su trono me gozaré.
```

ALABANZAS LLAMADA FINAL / ANUNCIARÉ TUS MARAVILLAS

47

m

m

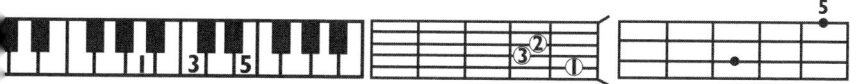

n

JEHOVÁ ES DIOS GRANDE

Em = Mi menor

Obed Morales (Fontana, C/

```
        Em   D  Am       Em
Dios alzará su voz desde su santuario
        G    D Am        Em
Proclamará que El es Jehová grande.


          Em   D   Am      Em
Y alzará la diestra de su fortaleza
          G    D Am        B
Anunciará que El es Jehová Grande.


    Em                  C  D  Em
Jehová es Dios grande, ¡ A --le--lu--ya!
                      C    D  Em
Dios Omnipotente,  ¡A--le--lu--ya!
                        C  D  Em
Temblarán los pueblos,  ¡A--le--lu--ya!
                      C   D  Em
Al oír su nombre,  ¡A--le--lu--ya!
```

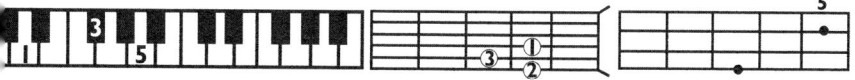

m

m

HERMOSO ERES TU

Heber Perez (Fontana, C

Em = Mi menor

```
Em                              D        Em
     Establece tu trono en mi corazón
                              D        Am
     Establece tu alabanza en todo mi ser
                          D        Am
     Porque mi alma necesita más de tí.
                      D
     Porque yo quiero Tu nombre bendecir.


        Em        C        D
     Hermoso, hermoso eres tu, Señor.
        Em        C        D
     Hermoso, hermoso eres tú.
```

m

m

ESPÍRITU VEN SOBRE MI

Em = Mi MENOR

Eduardo Avalos (Inglewood, CA

```
       Em        Am  C   D    Em
Espíritu de Dios ven sobre mi.
       Em        Am  C   D   Em      E
Espíritu de amor ven sobre mi.


   Am       D       G        Em
Toma mi  vida, restaura mi alma.
            C    D     Em       E
Termina tu obra en mi,
   Am       D       G         Em
A  tu semejanza quiere ser mi alma
            Am     B      Em
Termina  tu obra en mi.


            C    D       Em
Porque quiero ser como  tu,
            C          D     Em
Porque a tu imagen es mi anhelo llegar a ser
```

C

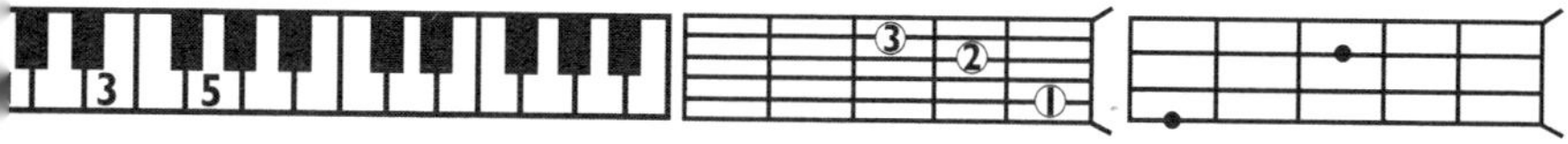

)

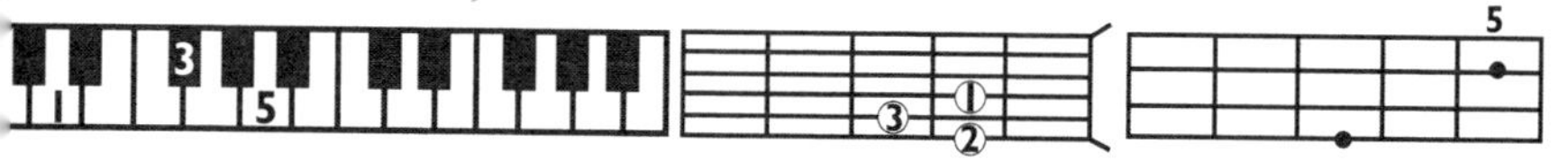

:m

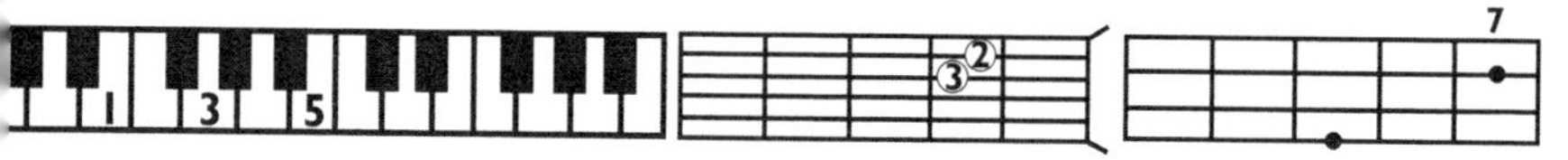

;

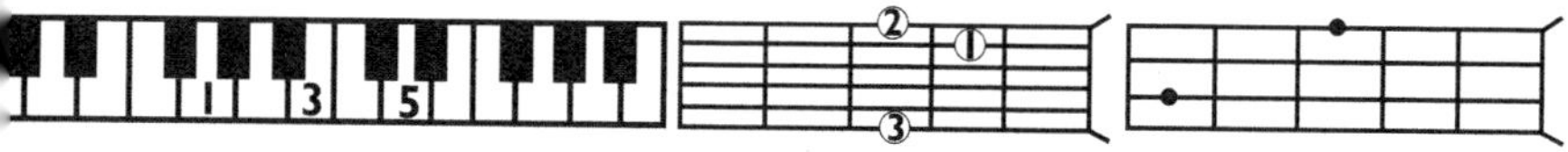

m

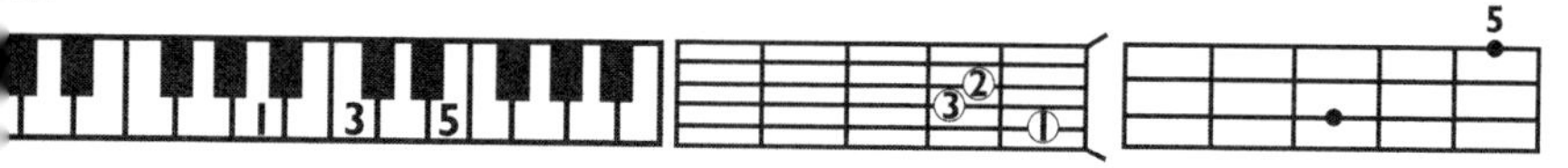

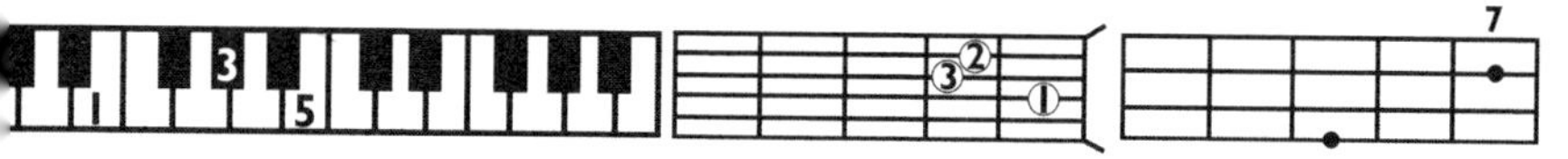

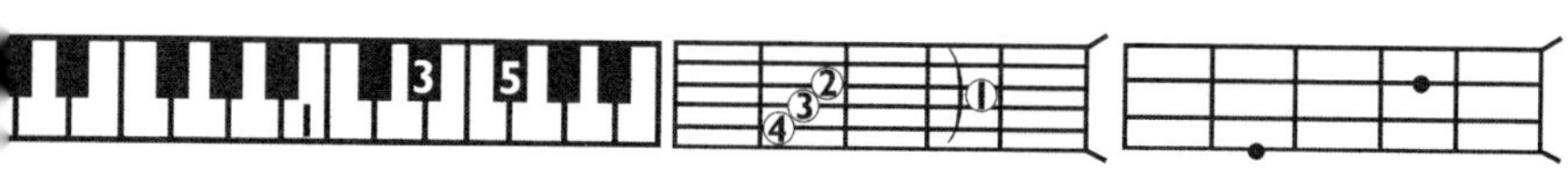

GRANDE Y MARAVILLOSO

Em = Mi MENOR

ANA ESTRADA (INGLEWOOD, CA

```
        Em                    B
// Grande y maravilloso es Jehová
                           Em
Recto y justo en todos sus caminos //
```

```
    Am      D G      Em  Am     B    Em
/// Sus promesas todas cumplirá solo en El esperaras
        Am    D       G   Em
        Y la gloria tu le darás
        C       B        Em
Grande y maravilloso es Jehová ///
```

ALABANZAS LLAMADA FINAL / ¡TE QUIERO ADORAR!

55

C

D

Em

G

Am

B

VIVIFÍCAME

F = FA

Ludy Merida (Inglewood, CA

F   C/E   Dm   F/C
// Señor, bendito eres Tu,
      Bb   Gm7   Csus   C
Tu presencia me colma de amor.
   Dm   Am7   Bb   F/A
Bajo la sombra de Tus alas, me refugiaré.
  Gm7   Bb/F   Bb/C   C
Y en las aguas de tus ríos, mi alma saciaré. //

CORO:
  F   Am7 Dm   Am7 Bb
Vivifícame,   vivifícame,   vivifica mi vida,
     Gm7   Csus C
restaura mi alma Señor.
    Dm   Am7   Bb
Vivifícame, vivifícame, vivifica mi vida,
     Gm7   Csus C
restaura mi alma Señor.

C

Csus

Dm

E

Gm7

Am7

Bb

GRANDE ES TU AMOR

G = Sol

Ivan Delgado (Inglewood, CA

G2   Am7   D   G2   Em
Tu misericordia, o Dios,   incomparable es.
    Am7   D   G   Dm
Tu fidelidad, Señor,   es difícil de comprender.

    G   Am7   D
Grande es tu amor, Señor,
  D/C   Bm   Em7
grande es tu amor por mi.
       Am7   D
Y quiero agradecerte, o Dios,
    G2   Dm
dándote mi amor.
  G   Cma7   D/C
Toda mi adoración,
    Bm   Fma7   Em7
yo rindo a tus pies, Señor,
  Am7   D   G
y solo, a ti daré,   todo mi corazón.

Cma7

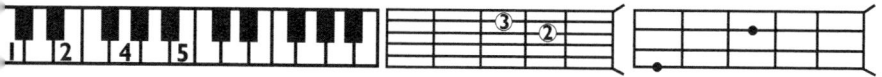

D

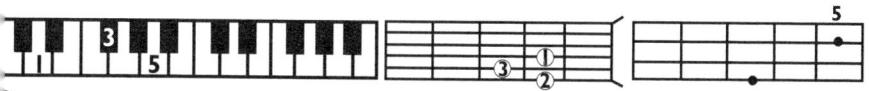

Dm

Em

Em7

Fma7

G

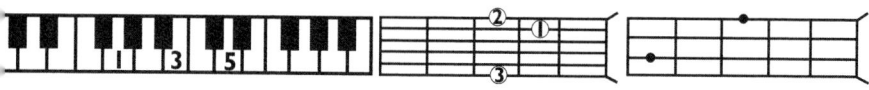

G2

Am7

Am

CANTICO NUEVO

Nelson D. García (Inglewood, CA

G = Sol

G   Bm
Me haz escogido un adorador,
    Em7   Bm
sacerdote del Señor,
  Am   D   G   C/D   D
para alabanza de tu gloria y honor.
  G   Bsus   B   Em7   G/D
Desde el vientre, Señor, me haz escogido
     C   Am7 Dsus   D
y por eso, te alabo Señor.
 Em7   G/D   C   G/B
Con mi vida Señor,   con mis labios, Señor,
    Am7   C   Dsus   D
yo te ofrezco, un canto de amor.

Coro:
  G Bm   C
// Haz puesto en mí   un cántico nuevo.
      D   C/G G
Haz puesto en mí, canto de alaban--za.
 Em   Eb+/Eb G/B   A7/C#
En mis labios, hay   ado---ra---ción.
   Am   D   G
y el cántico de mi corazón. //

C

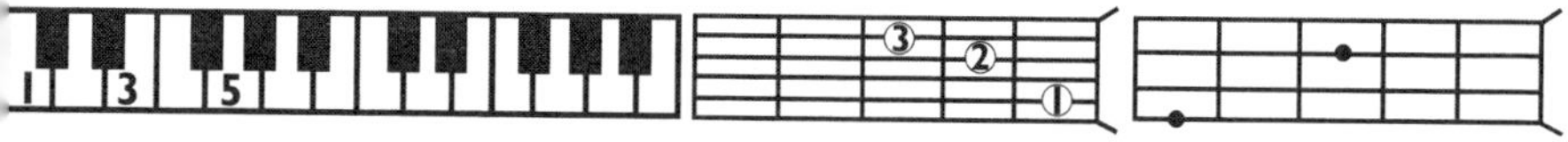

D

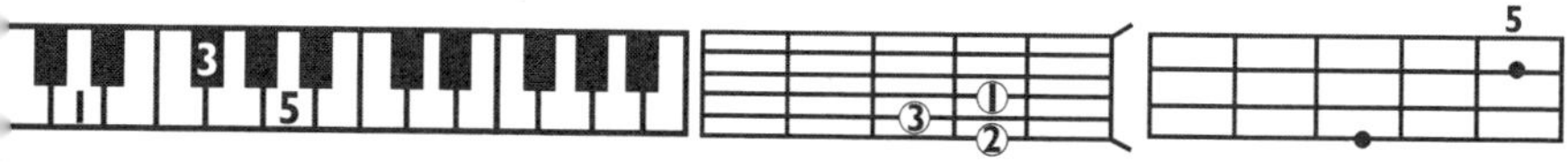

Dsus

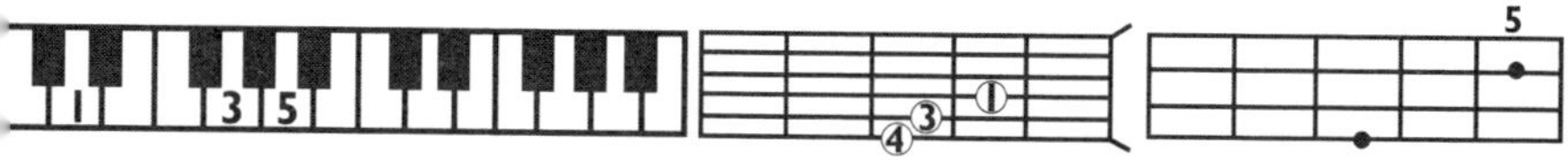

Em

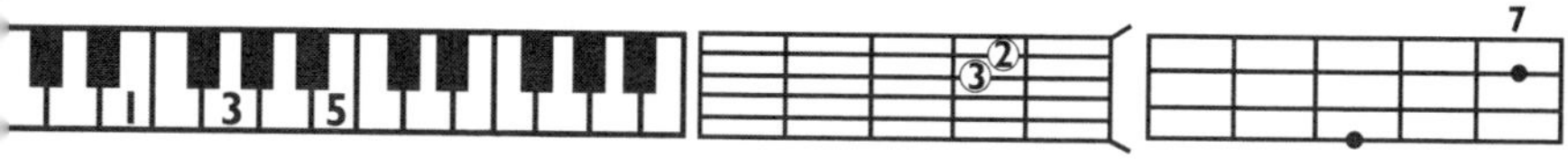

Em7

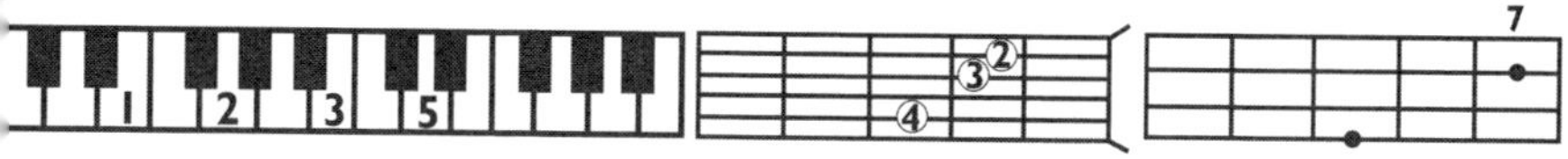

G

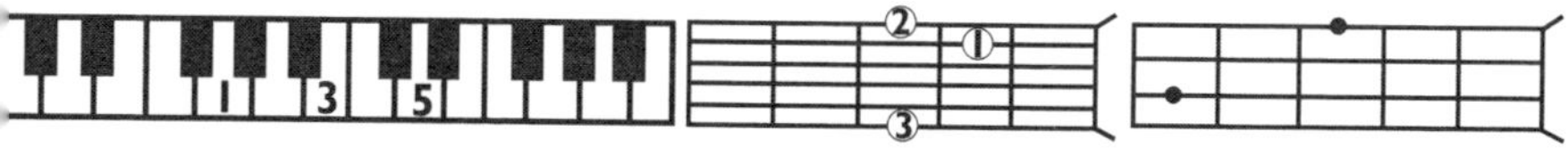

Am

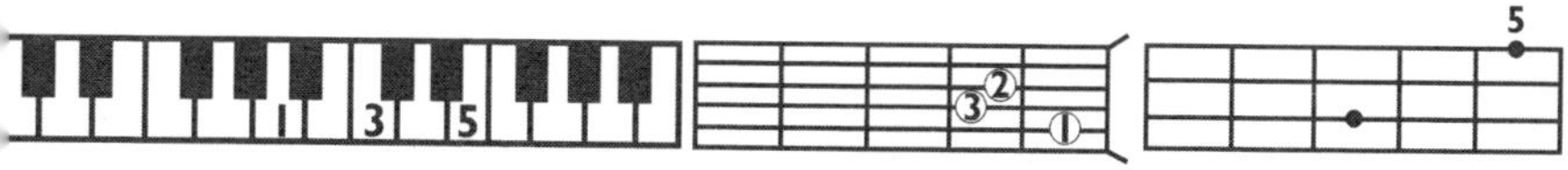

Am7

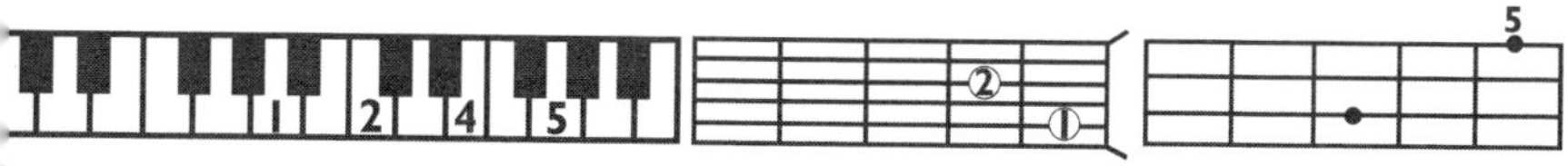

B

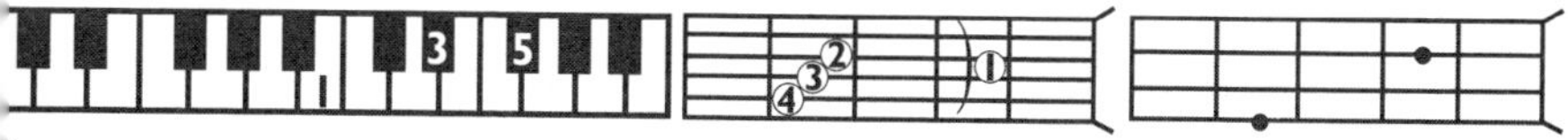

Bm

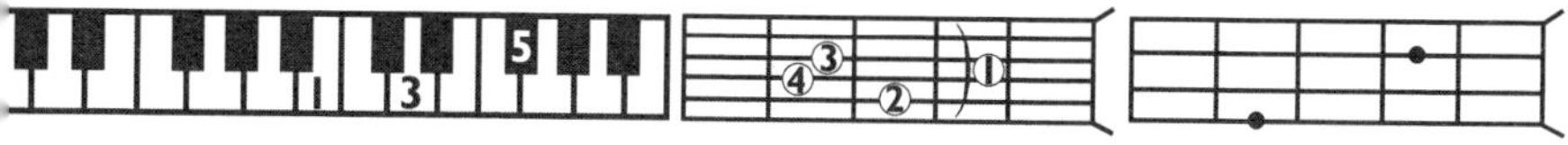

Bsus

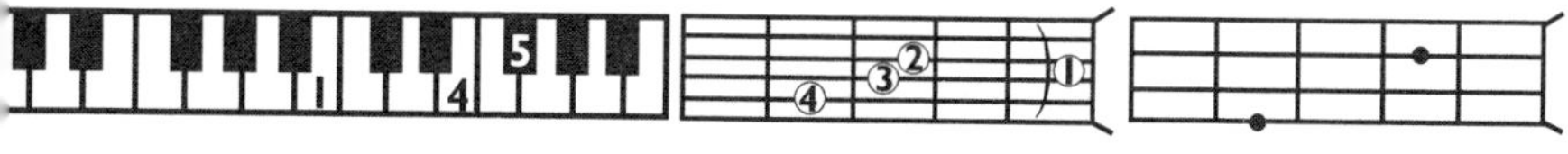

YO SOY LIBRE

CHRISTIAN PONCIANO (INGLEWOOD, CA)

G = SOL

G   Em
Libre, yo soy libre;
C   D
Las cadenas del pecado han sido rotas.
G   Em
Libre, yo soy libre;
C   D   G
Para cantar, para danzar, para gozar.

Coro
Em   D
// He vencido al enemigo
C   D
Por la sangre de Jesucristo
G
Yo soy libre //

C

D

Em

G

DECLARARÉ

Heber Perez (Fontana, CA)

G = Sol

```
      G           C
// Porque para siempre
  D/C      Bm        Em7
Es tu misericordia, Señor.
   Am7           Am7/D     D
Para siempre, para siempre
             G    Dm   G
     Es tu bondad //


 Cma7      D/C       Bm7       Em7
Declararé tus juicios y tu obra en mi ser;
     Am  D      G              Dm7/G    G
Declararé tu misericordia
 Cma7      D/C       Bm7 B/D#    Em
Declararé tus juicios y tu obra   en mi ser
     Am  D      G
Declararé tu misericordia.
```

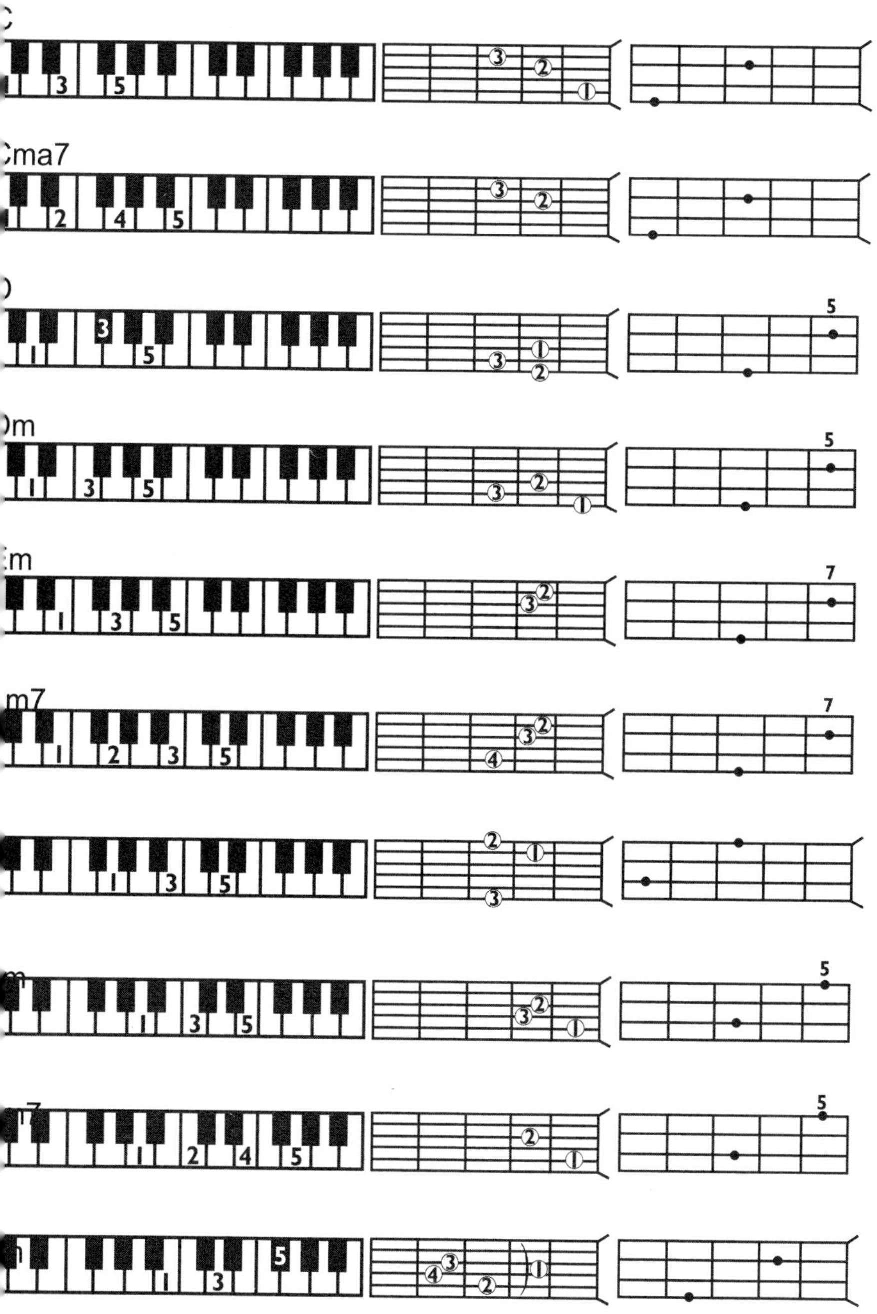
ma7
m
m
m7

QUIERO ENAMORARME DE TI

G = Sol

HEBER PEREZ (FONTANA, CA

```
        G                          C
Me has amado con amor eterno, mi Señor
        G                        D
Es tan grande tu amor que no tiene comparación.
    C          D/C        Bm           Em7
No hay como tu misericordia. Hoy quiero vivir en tu gloria.
            C       Am7       D        Em
      Y cada día enamorarme de tí.


        C          D     Em    C       D    Em
Quiero enamorarme de tí, Señor,  y estar en tu presencia.
        C          D     Em    C        D    Em
Quiero vivir delante de tí, Señor,  y adorarte a tí mi Dios.
            C      D   Em    C          D    Em
    Tu eres la roca de los siglos,  roca de mi salvación.
            C      D   Em    C          D
    Y solo a tí he de adorarte   y exaltarte a tí mi Dios.


G          D  Am      Em         C     G        D
// Quiero estar,   en tu presencia, mi Señor, adorándote //
```

C

D

Em

Em7

G

Am

Am7

Bm

POR MEDIO DE LA SANGRE

CESAR GARCÍA (SAN DIEGO, CA)

A = LA

```
                A                  F#m
// Por medio de la sangre de Cristo

                      Bm          E
   te puedo adorar, oh Jehová. //


           D    E/D        C#    F#m
Te adoraré, Señor, te exaltaré, oh Señor;

           D         Bm     D    E    A
desde la eternidad, hasta la eternidad.

           D    E/D        C#    F#m
Te cantaré, Señor, te alabaré, oh Señor;

           D       Bm     D     E A
desde la eternidad, hasta la eternidad.

           D    E/D        C#      F#m
Te cantaré, Señor, te alabaré, oh Señor

              D                    Bm
   por medio de la sangre de Cristo,

   D    E    A  F#m     Bm    E            A
hasta la eternidad    hasta la eternidad.
```

69

C#

D

E

F#m

A

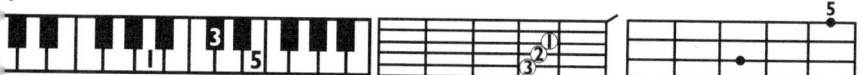

Bm

LEON DE JUDA

Am = La Menor

Sergio Pérez (Boston, MA)

Am
// León de la tribu de Judá
F
León de la tribu de Judá
G   Am
a venido para vencer //

Am
// Porque El es Rey de reyes.
F
El es Señor de señores,
G   Am
y Dios de los dioses. //

Am
// En el cielo El es exaltado
G   Am
y en la tierra también. //

Am
// Aleluya, aleluya
G   Am
Amén aleluya. //

F

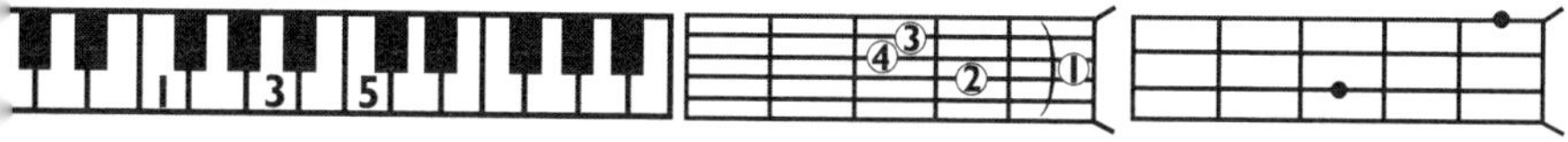

G

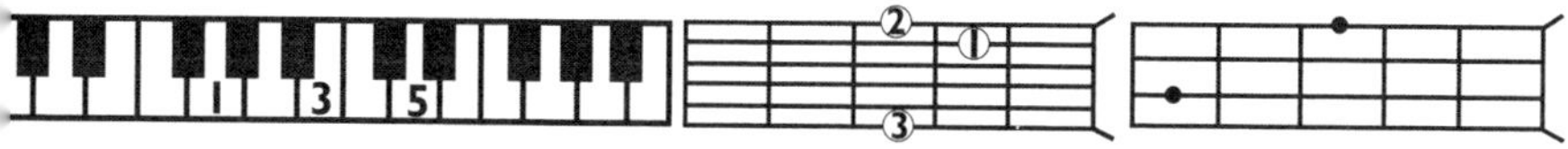

Am

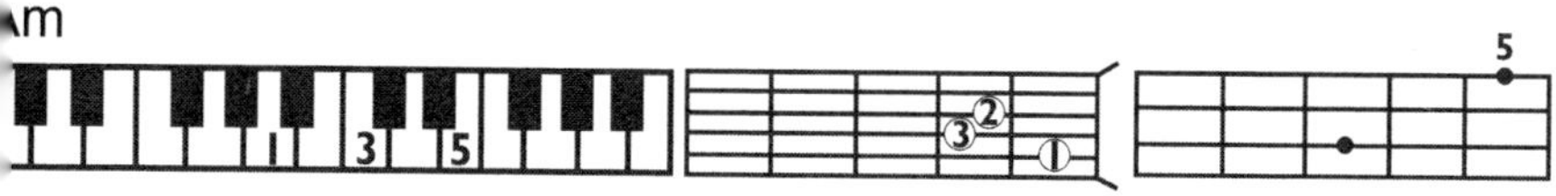

LOS ENEMIGOS DEL SEÑOR ESTAN CAYENDO

Am = La menor   Ivan Delgado (Inglewood, CA

```
        Am                          F
// Los enemigos del Señor están cayendo.
        G                    Am
Los adversarios del Señor perecerán. //

        F    G    Am
Porque grande y fuerte es nuestro Dios.
    F   G    Am  F    G     Am
Poderoso es El, victorioso es el Señor,
        Dm          Esus
    sobre todo mal.
```

Alabanzas Llamada Final / Inspiración IV

Dm

Esus

E

G

Am

PODEROSO

Am = LA MENOR   PABLO DANIEL PÉREZ (BOSTON, MA

```
            Am
//// Mayor es el que está conmigo
     G                        Am
Más fuerte es el que esta por mí. ////

     Am              G
//// Poderoso, El es poderoso
 Am             G
Victorioso El es victorioso. ////
```

ALABANZAS LLAMADA FINAL / INSPIRACIÓN IV

G

Am

EL ESPÍRITU DE DIOS ME A HECHO LIBRE

Am = La MENOR   Tony Pérez (Inglewood, CA

Am   G
// Libre, el Espíritu de Dios me a hecho libre,

Am

El Espíritu de Dios me a dado libertad
G
En su presencia me puedo gozar
Esus
En su presencia yo puedo danzar. //

Coro
F   C
Conoceréis la verdad y la verdad os libertará.
F   C
Conocereis la verdad y la verdad os libertará.
Dm   Esus
Pues su Palabra es poder, es poder y autoridad.

Coro
F   C
Con júbilo cantaré, en su presencia me gozaré
F   C
Con júbilo cantaré, en su presencia me gozaré
Dm   Esus
Pues su palabra es poder, es poder y autoridad.

C

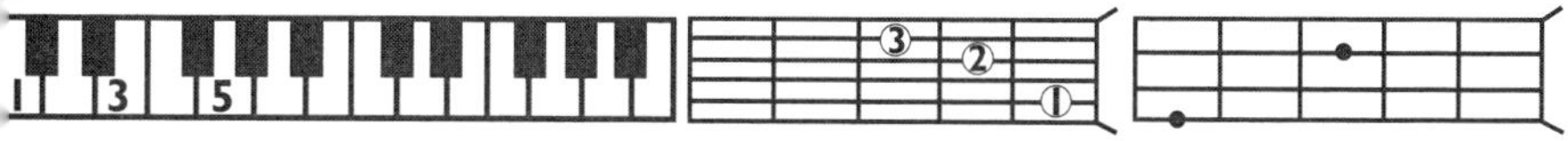

Dm

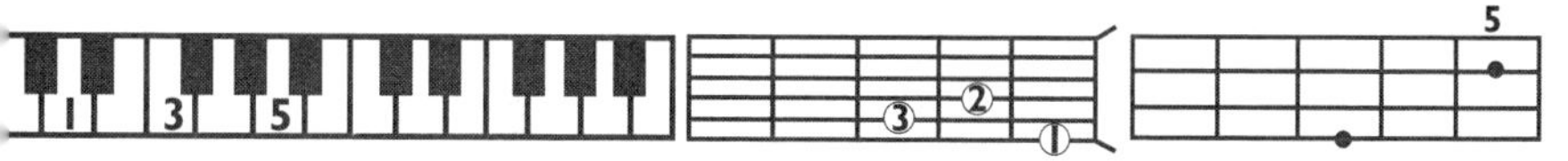

Esus

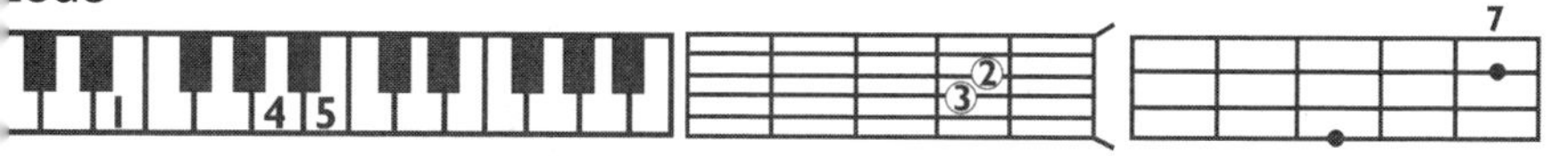

F

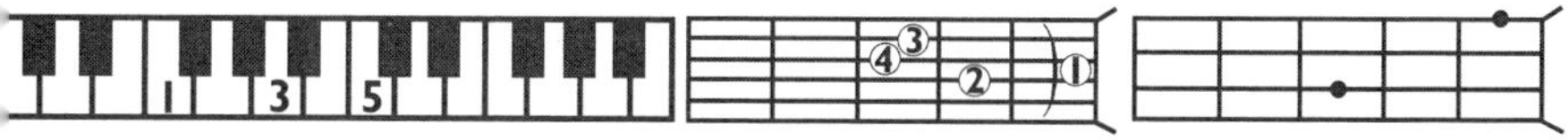

G

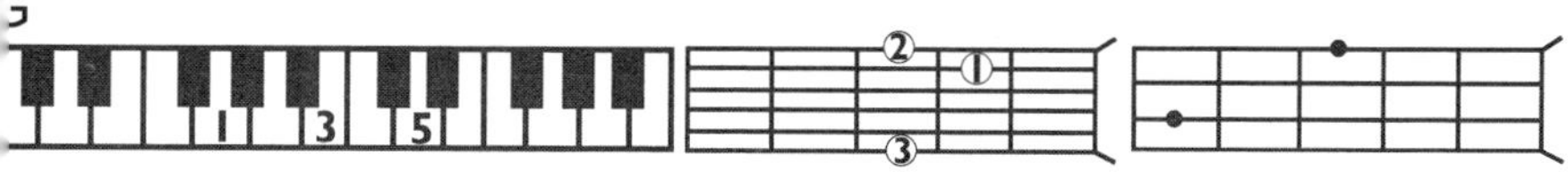

Am

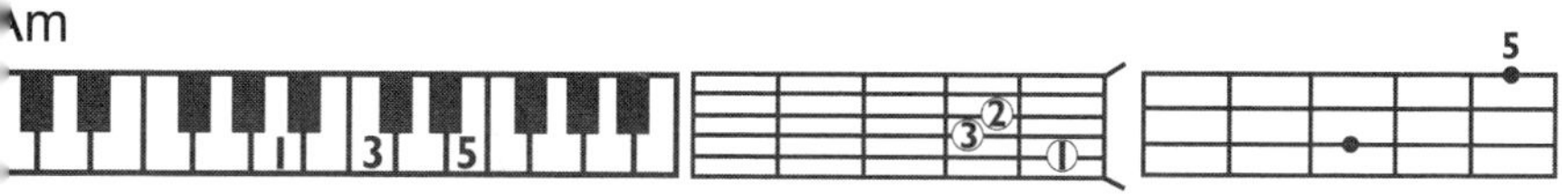

SOLO TU

Am = La MENOR   Heber Pérez (Fontana, CA

```
      Am              G     F              G
// En este templo en este lugar,    te queremos adorar
              C       G   F     Esus
   Y te veremos en santidad al adorar //
              F                 Em7
   Levantamos nuestra alabanza
              F         Dm7    Esus    E
   Y te exaltamos, bendito, Señor.


      F G F     G              Am
   So--lo  tu eres digno de alabanza.
      Dm7    Em7            Am
   Solo tu eres digno de adoración.
      G  F    G            Am
   Solo  tu mereces toda gloria.
      Dm7  Em           Am
   Solo tu mereces todo honor.
```

C

Dm7

E

Em

Em7

sus

G

m

ALABADLE

Am = LA MENOR

OBED MORALES (FONTANA, CA

```
        Am              F
Anunciaré tu nombre siempre a mis hermanos
           G              Am
       Tus justicias publicaré.
  Am                       F
Entraré por tus puertas con agradecimiento
           G              Am
       y en tu presencia danzaré.


        Am      F  Dm Em      Am
   // Alabadle, alabadle, a-------la--badle ///
   Am       F        Dm          Em  Am
Alabadle, Alabadle, Alabadle con cuerdas y flautas.
   Am       F        Dm          Em  Am
Alabadle, Alabadle, Alabadle al son de trompeta.
   Am       F        Dm          Em  Am
Alabadle, Alabadle, Alabadle con pandero y arpa.
   Am       F        Dm          Em  Am
Alabadle, Alabadle, Alabadle con sonoros címbalos.
   Am       F        Dm          Em  Am
Alabadle, Alabadle, Alabadle con alegres danzas.
```

Dm

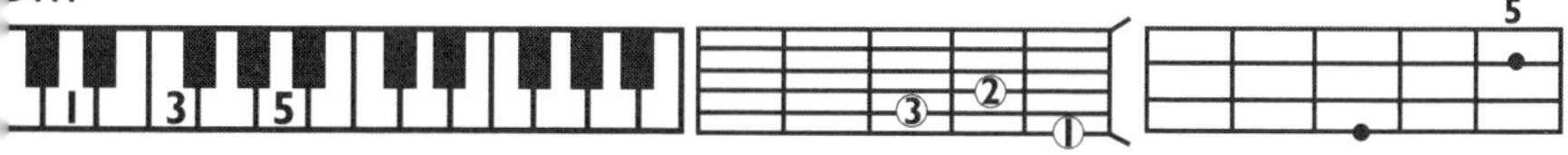

Em

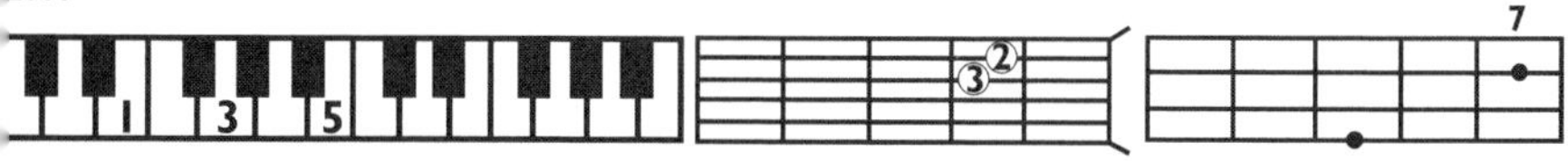

F

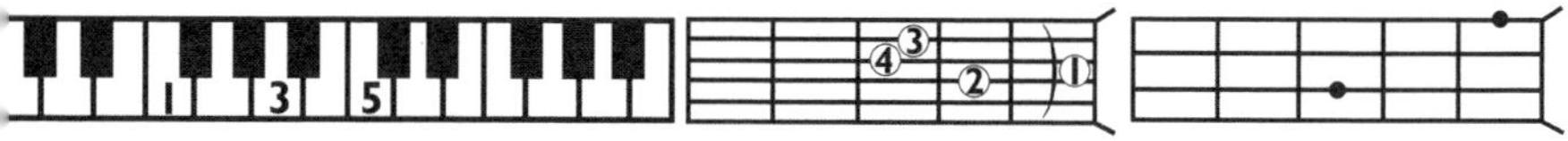

G

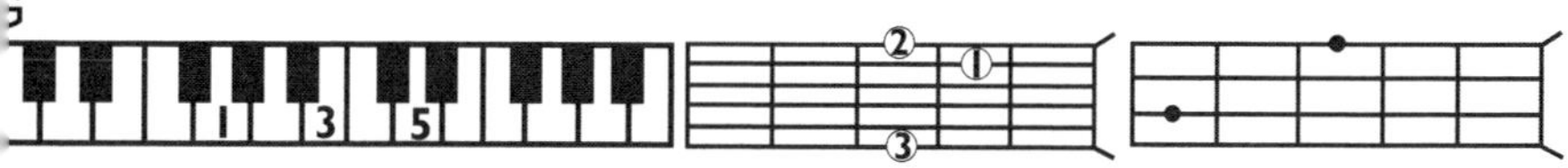

Am

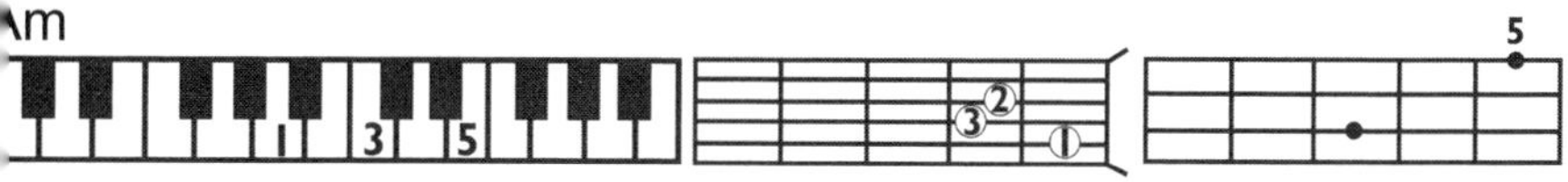

EN TU NOMBRE OH DIOS

Am = La menor

Cesar Rengifo (Fontana, CA

```
        Am                           G
// En tu nombre, oh Dios, alzare mis manos.
            F                      E
En tu nombre, oh Dios, alzaré mi voz.
   Am                      G        F      Esus   E
En tu nombre, que es sobre todo nombre, yo te alabaré. //
```

```
                    Am
// Porque eres rey de reyes;
                 F      Dm      E
Eres señor de señores, amen, amen. //
```

```
        Am              G
//// Y yo te alabaré y yo te alabaré.
         F              E
Por siempre, te bendeciré. ////
```

Dm

E

Esus

E

G

Am

DELANTE DE SU PRESENCIA

Am = La Menor   Manuel Vides (Burbank, C.A.)

```
        Am          G      Am
Con alegría yo cantaré a mi Señor,
        G      Am      G      Am
con gritos de alegría le alabaré, con gozo danzaré.

    F      G    Am      F      G    Am
Delante de su presencia, delante de su presencia
    G            Am            G              Am
Y dando vueltas yo danzaré, y dando vueltas yo danzaré
  F G     Am    F        G      Am
Delante de su presencia, delante de su presencia
              G      Am
la ra la la la ra la la la
```

C

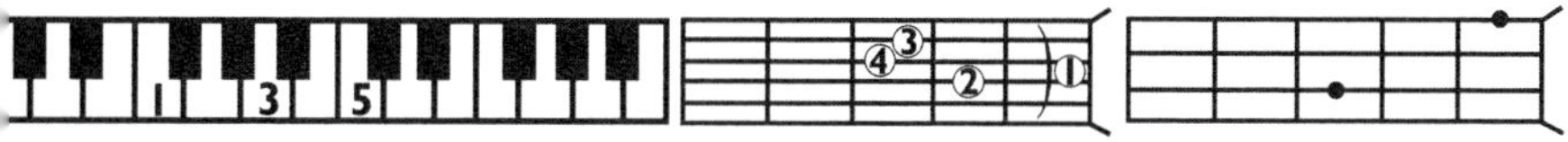

G

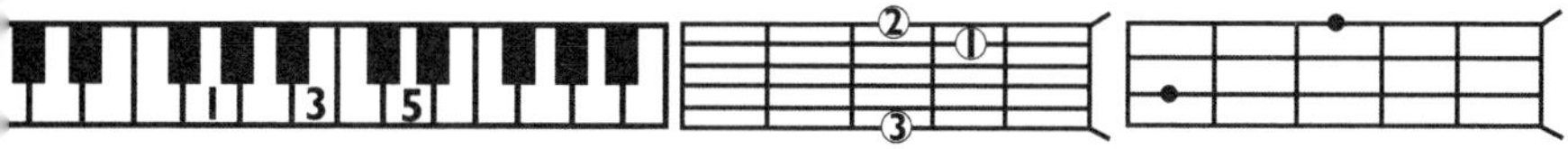

Am

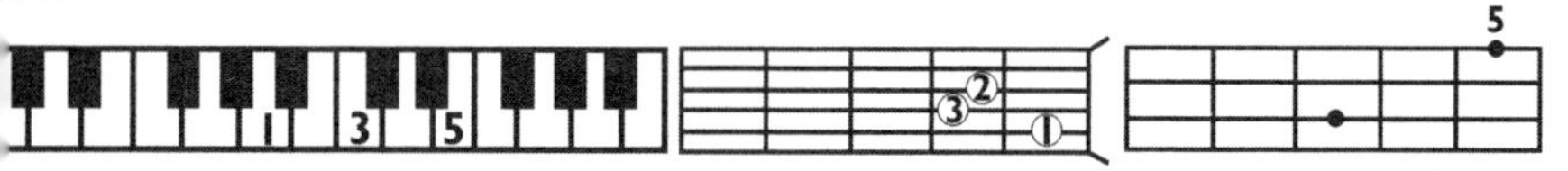

SHALOM

Am = La menor   Rafael Arias Palacios (Inglewood, C.

     Am   G   Am   G   Am
Shalom hermano shalom, Shalom hermano shalom
 F   G   Am   F   G   Am
La paz del Señor esta conmigo, la paz del Señor está conmigo

     F   Am   G   Am   F E   Am
Exáltale con júbilo exáltale con gozo exalta a Jesucristo
 F   G   Am   F   G   Am   F   G   Am
Majestuoso Señor, Majestuoso Señor, Majestuoso Señor

     Am   G   Am   G   Am
Shalom hermano shalom, Shalom hermano shalom
 F   G   Am   F
G   Am
La paz del Señor está conmigo, la paz del Señor esta conmigo

     Am
// Tus mandamientos he guardado Señor
        G   Am
En gran manera los ame
                G   Am
He guardado tu palabra Señor tus caminos están ante mí //

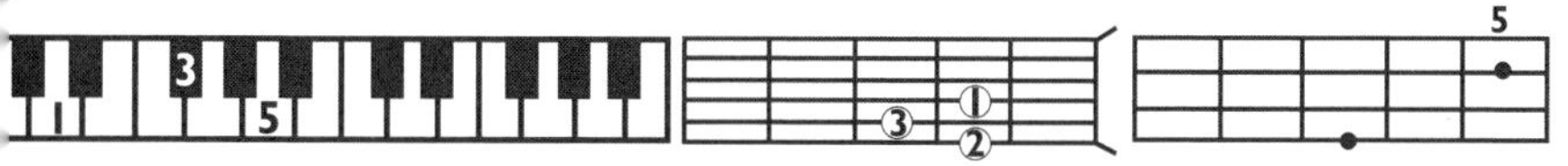

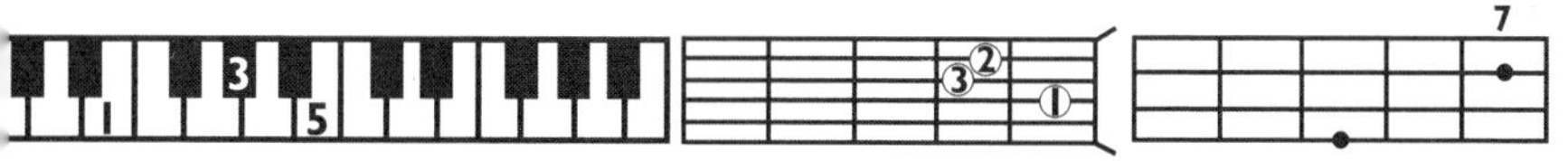

m

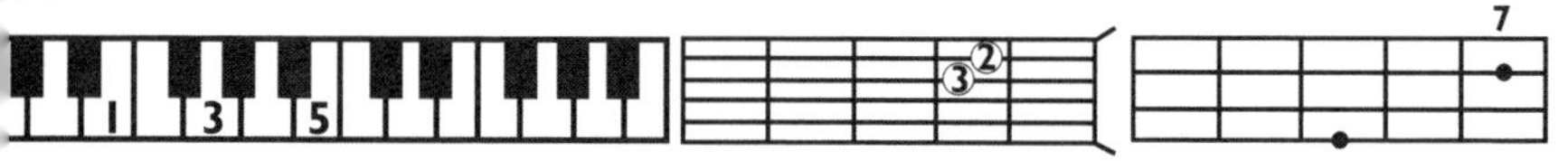

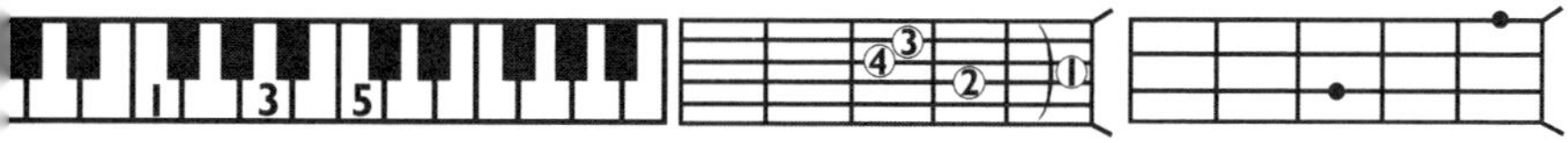

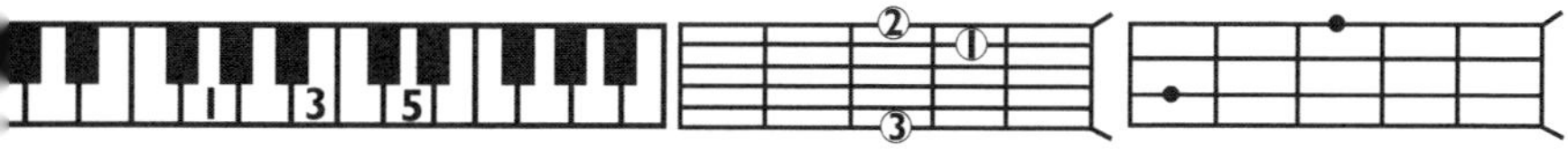

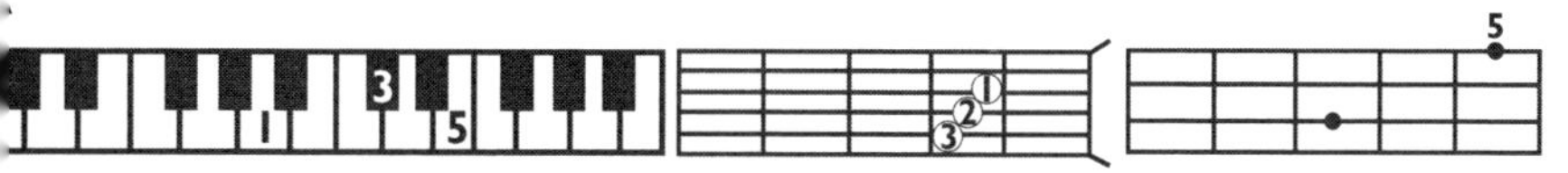

m

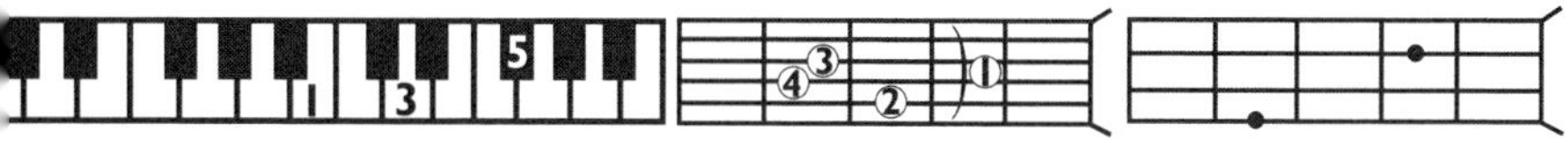

m

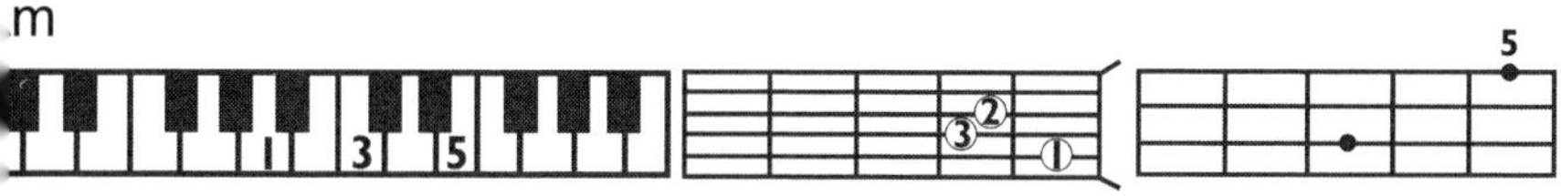

TOCANDO TROMPETA EN SION

Am = La MENOR
Axel De León (Inglewood, CA

Am
// Tocando trompeta en Sion
G
Y sonando la alarma en su monte santo
F
Tocando trompeta en Sion
E
Y sonando la alarma en su monte santo //

Coro 1
Am   G   F   E
// Con júbilo y con gozo recibiremos al Señor //
Am   G F   E
// Y le verán y le verán todo ojo le vera //

Coro 2
Am   G   F E
// En un caballo blanco viene Cristo el Señor //
Am   G F   E
// Y le verán y le verán todo ojo le vera //

E

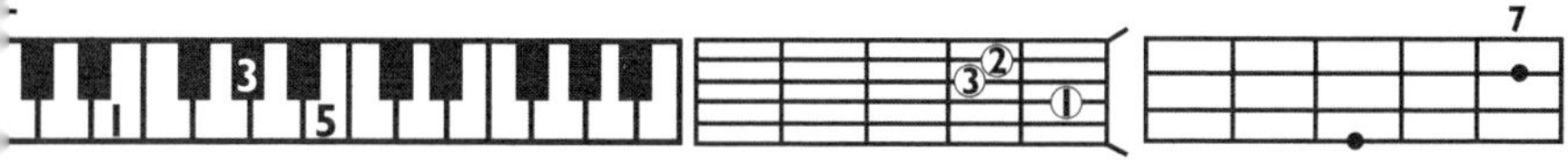

C

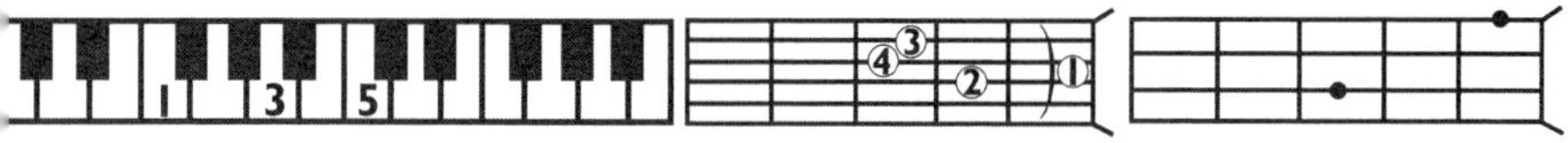

G

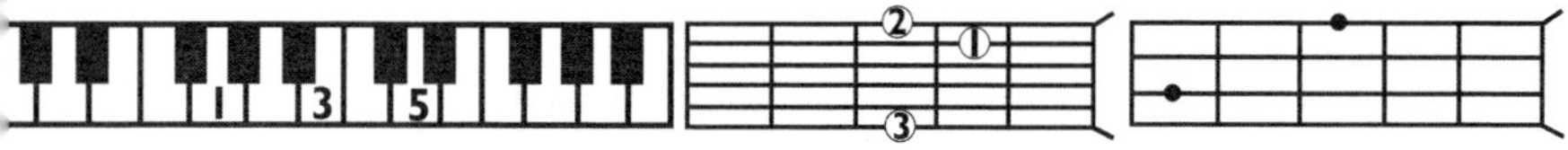

Am

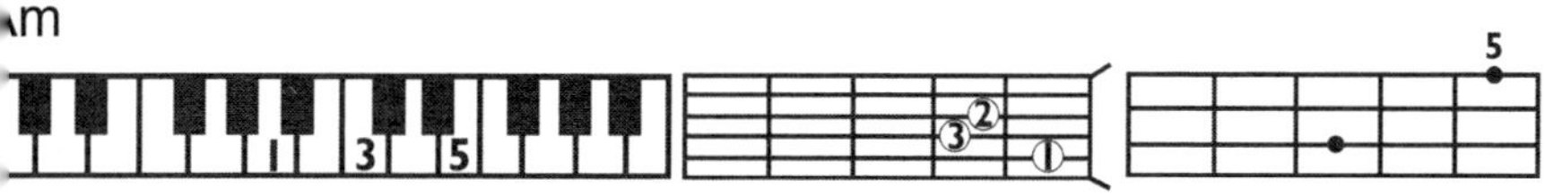

EXALTA A JEHOVA

Am = La MENOR   Rafael Arias Palacios (Inglewood, CA

```
        Am              F              E         Am
La  salvación vino de mi Dios con brazo fuerte nos rescato
                                          F
        Con poder y gloria el nos salvo
                         E       Am
        //// con danza y jubilo le alabaré ////

        Am              G     Am
        Exalta a Yave Yiré, exalta a Yave Shalom
                        G
        Exalta a Yave Elohim, exalta a gran soy

   F        G       Am        F     G      Am
// Exalta a Jehová de los ejércitos, exalta al Todo Poderoso //
                F  G  Am
        //// Je--ho--vá, Exalta a Jehová ////
```

E

F

G

Am

VARON DE GUERRA

Am = LA MENOR   DAR (INGLEWOOD, C/


```
        Am                    F
//// Varón de guerra, varón de guerra
           G           Am
   Varón de guerra es Jehová ////


        Am   F      G       Am
Varón de guerra es Jehová, toda batalla el ganará
           F E              Am
Con su poder demostrará la grandeza de su gloria
               F      G      Am
Varón de guerra es Jehová, toda batalla el ganará
           F E            F    G
Con su poder demostrará la grandeza de su gloria


            Am  F      G      Am
// No hay enemigo para Dios, de eternidad a eternidad
        F E               Am
Victorioso reinará, no hay enemigo para Dios


        Am              F
// No hay enemigo, no hay enemigo
        G      Am
No hay enemigo para El. //
```

E

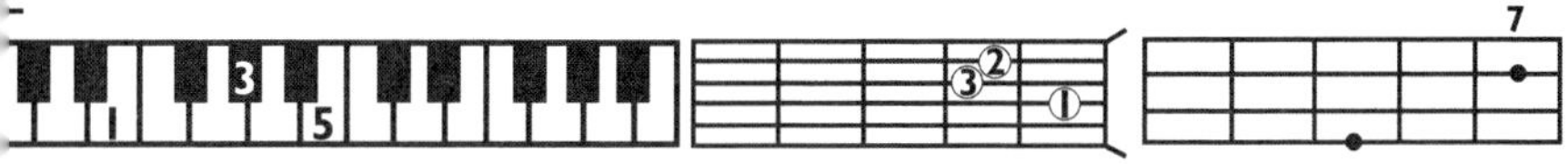

F

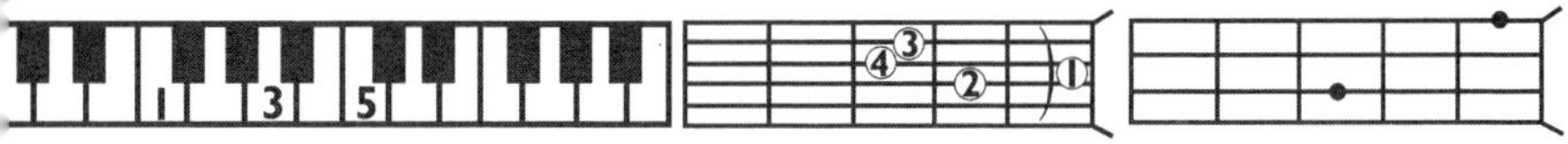

G

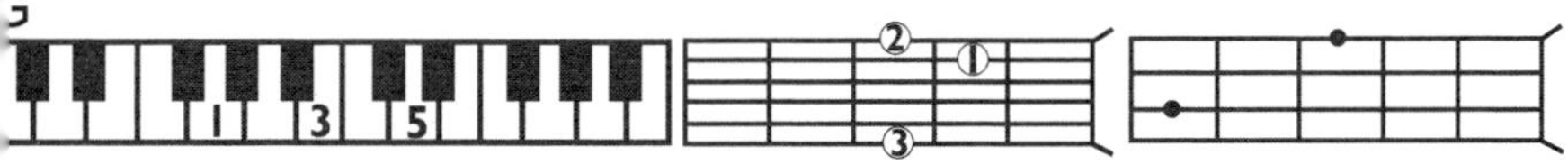

Am

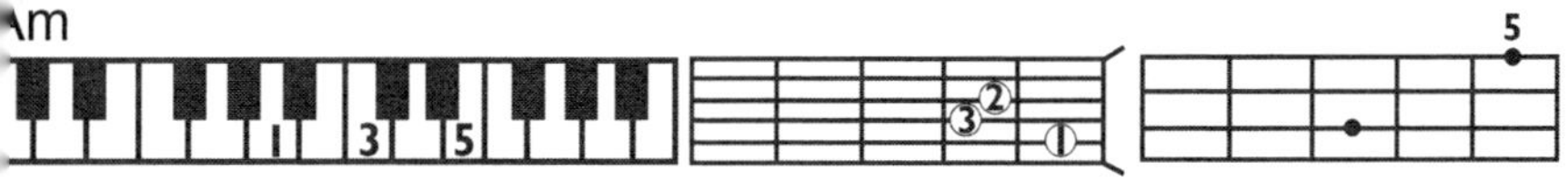

CONQUISTAREMOS LAS NACIONES

Bm= Si MENOR
Ivan Delgado (Inglewoo CA)

Bm   G
// Armados para la batalla estamos
             Em
Con la victoria en nuestros labios
        F#
Listos para pelear.
Bm   G
Tomamos la victoria en nuestras manos
          Em   F#
Y confesamos que derrotado el enemigo está. //

Coro
    G   A   Bm   Em   A   D
// Conquistaremos las naciones para la gloria del Señor
    G   A   Bm   Em   F#
Retornaremos lo que nuestro es en el nombre del Señor. //

Dm

Em

F#

G

A

Bm

D

BRAZO FUERTE

B = Sɪ ᴍᴇɴᴏʀ   Oʀᴀʟɪᴀ Mᴀʀᴛíɴᴇᴢ (Fᴏɴᴛᴀɴᴀ, CA

```
         Bm      A           G        F#  Bm
//// Brazo fuerte, fuerte, brazo fuerte es Jehová ////
 Bm                                    A     Em7
    // Su nombre es conocido en Judá
                             Bm
       como el Príncipe de Paz. //


          A           Em7        Bm
   /// Dios grande, Dios temible, Dios fuerte ///
                        G      AG    F#
          Brazo fuerte es Jehová.


        Bm     A           G        F#  Bm
//// Brazo fuerte, fuerte, brazo fuerte, es Jehová. ////
    Em          Bm     G          A  Bm
    // Y dirán las naciones    Grande es Jehová. //
```

Aʟᴀʙᴀɴᴢᴀs Lʟᴀᴍᴀᴅᴀ Fɪɴᴀʟ / Aɴᴜɴɪᴄᴀʀé Tᴜs Mᴀʀᴀᴠɪʟʟᴀs

Em7

F#

G

A

Bm